W0315857

Kurze Zeitungsberichte gegen die Leseunlust

„Wer soll denn das alles lesen?“ Diese oder ähnliche Äußerungen haben schon viele Lehrer/-innen in der Schule gehört, wenn es darum geht, Texte an die Klasse zu bringen. Die häufige Leseunlust im Allgemeinen und leseschwache Schüler im Besonderen machen es den Lehrern nicht leicht, die Mädchen und Jungen zum Lesen zu animieren. Dies ist einer von vielen Gründen, warum ich im Unterricht immer wieder auf kurze Pressemeldungen zurückgreife. Die Länge der Texte, in der Regel bestehen sie durchschnittlich aus etwa 60 Wörtern, schrecken die Kinder nicht sofort vom Lesen ab. Mit entsprechenden Aufgaben zum Text kann man auch mit diesen kleinen Berichten den Schülern das Fach Deutsch etwas „schmackhafter“ machen.

Diese Kurzberichte – im Fachjargon „Meldungen“ genannt – können unterschiedlich im Unterricht zum Einsatz kommen. Als fester Bestandteil des Leseunterrichts, für die Freiarbeit, als Hausaufgabe oder für Kollegen, die Material für eine Vertretungsstunde in einer Klasse benötigen.

Die Konzeption dieser Mappe ist so gedacht, dass je nach Klassenstufe unterschiedliche Themen und Arbeitsschwerpunkte ausgewählt wurden. Bei der Einteilung der Berichte wurde auch darauf geachtet, dass nach Möglichkeit Texte verwendet wurden, in denen über „gleichaltrige Personen“ berichtet wird. Somit können sich die Leser zum Teil leichter mit den Inhalten identifizieren.

Bei allen Kurzberichten wird bei der ersten Aufgabe „Fragen zum Text“ absichtlich auf die Formulierung *„Beantworte die Frage in einem vollständigen Satz“* verzichtet. Natürlich sollen die Schüler nicht nur in „Halbsätzen“ sprechen. Bei der Beantwortung von Fragen ist es dagegen umgangssprachlich eher untypisch, vollständige Sätze zu produzieren. Hierzu ein Beispiel: Frage: „Wohin gehst du?“ Antwort: „Nach Canossa.“ Und nicht: „Ich gehe nach Canossa.“ Die Beantwortung von Fragen in ganzen Sätzen kann bei vielen Schülern zu einer Schreibunlust führen und das sollte nicht sein. In den Texten ab Klasse 6 gibt es viele Zusatzaufgaben, in denen dann vollständige Satzproduktionen verlangt werden.

Bei den Berichten für die Klassenstufe 5 liegt das Hauptgewicht der Aufgaben darin, dass sie größtenteils vom Schüler selbst zu kontrollieren sind. Der thematische Schwerpunkt liegt im sprachkundlichen/grammatikalischen Bereich.

Bei den Berichten für die Klassenstufe 6/7 sollen im Gegensatz zu der vorherigen Gruppe die Schüler in Partnerarbeit bzw. Kleingruppen ihre Antworten mit den entsprechenden Stellen im Text belegen. Außerdem werden nun bei einigen Meldungen von den Schülern zusätzlich eigene Textproduktionen (Meinungen, kleine Geschichten) verlangt.

Die Berichte für die Klassenstufe 8/9 sind so gewählt, dass die Schüler dazu aufgefordert werden, beispielsweise über die Inhalte zu diskutieren, sich zusätzlich zum Thema/Inhalt der Meldung zu informieren, Stellungnahmen (pro und contra) hierzu auszuarbeiten oder eigene Erfahrungen schriftlich wiederzugeben. Hier wurden beispielsweise auch gezielt Berichte ausgewählt, die nützliche Infos zur Arbeitswelt der zukünftigen Auszubildenden liefern, als auch Bereiche, die im täglichen Leben der Jugendlichen vorkommen können.

Ich wünsche Ihren Schülerinnen und Schülern und auch Ihnen viel Spaß mit dieser Mappe.

Jens Eggert

Mein besonderer Dank gilt Frau Gabriele Saliba, die mir als Lektorin dieser Mappe bei der Gestaltung stets hilfreich zur Seite stand.

Die Nachricht	01	Die Aufgaben

REISEBUS

Fast Motor verloren

NÜRNBERG ■ Bei einer Kontrolle am Nürnberger Omnibusbahnhof haben Polizisten einen maroden bosnischen Reisebus mit 50 Fahrgästen auf dem Weg nach Kroatien gerade noch rechtzeitig aus dem Verkehr gezogen. Wegen eines gebrochenen Rahmens drohte das Gefährt seinen Motor zu verlieren. Das Fahrzeugheck hatte sich bereits um fünf Zentimeter gesenkt. *dpa*

1. Beantworte jede Frage:
   a) Wo wurde der Bus kontrolliert?
   b) Wohin sollte der Bus fahren?
   c) Warum wurde der Bus aus dem Verkehr gezogen?

2. Finde alle Namenwörter (Nomen) heraus und schreibe sie in dein Heft. Ordne sie nach dem Alphabet.

3. Beuge die folgenden Tuwörter (Verben) in allen Personalformen (ich, du, er/sie/es, wir, ihr, sie):
   verlieren – haben – drohen – senken

4. Schau im Wörterbuch nach und erkläre die Bedeutung *marode*.

Reisebus: Fast Motor verloren	01	Die Lösungen

1. Zeige deinem Lehrer/deiner Lehrerin deine Antworten.

2. Das sind die Nomen alphabetisch geordnet:

   Fahrgästen / Fahrzeugheck / Gefährt / Kontrolle / Kroatien / Motor / Nürnberg / Omnibusbahnhof / Polizisten / Rahmens / Reisebus / Verkehr / Weg / Zentimeter

3. Lösungen:

	verlieren	**haben**	**drohen**	**senken**
ich	verliere	habe	drohe	senke
du	verlierst	hast	drohst	senkst
er, sie, es	verliert	hat	droht	senkt
wir	verlieren	haben	drohen	senken
ihr	verliert	habt	droht	senkt
sie	verlieren	haben	drohen	senken

4. Marode bedeutet = heruntergekommen, veraltet, marschunfähig

Die Nachricht	02	Die Aufgaben

DIEBE

Swimmingpool weg

DORMAGEN ■ In der Hitze der Nacht zum Sonntag haben Unbekannte in Dormagen (Nordrhein-Westfalen) einen Swimmingpool gestohlen. Nach Angaben der Polizei leerten die Ganoven den mit 4800 Liter Wasser gefüllten Pool, der einen Durchmesser von 3,60 Meter und eine Höhe von 90 Zentimetern hat. Anschließend transportierten sie das Becken geräuschlos ab. *dpa*

1 Beantworte jede Frage:
a) Was wurde gestohlen?
b) Welche Maße hat der Pool?
c) Warum hat niemand was gemerkt?

2 Finde alle Namenwörter (Nomen) heraus und trenne jedes Wort in möglichst viele Silben, sofern dies geht.

3 Finde zu den folgenden Wörtern aus dem Text die Grundform und je ein verwandtes Nomen dazu:
haben – gestohlen – leerten – gefüllten – transportierten

4 Überlege dir, wie die Ganoven den Pool abtransportiert haben und was sie damit machen könnten. Schreibe eine kleine Geschichte dazu.

Diebe: Swimmingpool weg	02	Die Lösungen

1 Zeige deinem Lehrer/deiner Lehrerin deine Antworten.

2 Die Silbentrennung der Nomen:

Die-be / Swim-ming-pool / Hit-ze / Sonn-tag / Un-be-kann-te / Dor-ma-gen / Nord-rhein-West-fa-len / An-ga-ben / Po-li-zei / Ga-no-ven / Li-ter / Was-ser / Durch-mes-ser / Me-ter / Hö-he / Zen-ti-me-tern / Be-cken

3 Grundform und verwandte Nomen:

haben → das Guthaben, die Habe, das Haben
stehlen → der Diebstahl
leeren → die Leere
füllen → die Füllung
transportieren → der Transport, der Transporter

4 Bist du zufrieden mit deiner Geschichte?
Dann zeig sie deinem Lehrer/deiner Lehrerin.

Die Nachricht	05	Die Aufgaben

KONTROLLE

Rekordraser erwischt

MÜNCHBERG ■ Mit Tempo 230 ist ein Raser auf der Autobahn Nürnberg–Berlin bei Münchberg durch einen auf 100 Stundenkilometer beschränkten Abschnitt gefahren. Er war damit „Spitzenreiter“ bei einer Tempokontrolle, berichtete die Polizei. Insgesamt 700 der 5500 kontrollierten Fahrer seien zu schnell gewesen. Gegen 120 Fahrer wird ein Fahrverbot verhängt. *dpa*

1 Beantworte jede Frage:
a) Wie schnell war der „Spitzenreiter“, der bei der Tempokontrolle erwischt wurde?
b) Wie schnell durfte man auf dem kontrollierten Abschnitt fahren?
c) Wie viel Fahrer wurden kontrolliert?
d) Was bedeutet das, wenn ein Fahrverbot verhängt wird?

2 Überlege dir zwei sinnvolle Gründe, warum es auf bestimmten Strecken Geschwindigkeitsbegrenzungen gibt.

3 Welche Begriffe aus dem Bericht passen in die Wortformen?

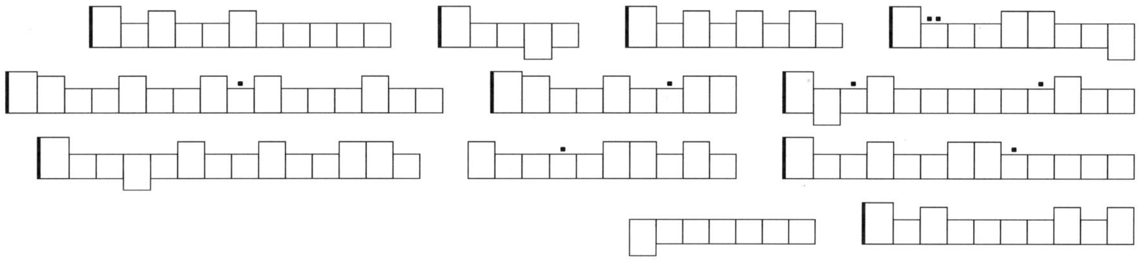

Kontrolle: Rekordraser erwischt	05	Die Lösungen

1 Zeige deinem Lehrer/deiner Lehrerin deine Antworten.

2 Geschwindigkeitsbegrenzungen könnten gelten, weil
- es zu viel Verkehr auf der Strecke gibt.
- die Fahrbahn schlecht ist.
- die Strecke unübersichtlich ist.
- Unfälle vermieden werden sollen.

3 Diese Begriffe aus dem Bericht passen in die Wortformen:

Rekordraser, Tempo, Autobahn, Münchberg

Stundenkilometer, Abschnitt, Spitzenreiter, Tempokontrolle

berichtete, kontrollierten, gewesen, Fahrverbot

Die Nachricht	06	Die Aufgaben

TIERKLINIK
Schlauer Hund

CORBIN ■ Ein verletzter Hund ist in der US-Stadt Corbin (Kentucky) selbst zum Tierarzt gelaufen. Das von einem Auto angefahrene Tier ist nach dem nächtlichen Unfall kilometerweit zur nächsten Tierklinik gehumpelt. Dort wartete „Scooby" vor der Türe, bis ihn die Angestellten am Morgen fanden. Mit seinem „Herrchen" war er zuvor schon einmal in der Klinik gewesen. *dpa*

1 Beantworte jede Frage:
a) Wohin ist das verletzte Tier gelaufen?
b) Wie hatte sich der Hund verletzt?
c) Wer fand am nächsten Morgen den Hund?
d) Wie hieß der Hund?
e) Woher wusste der Hund, wo die Tierklinik war?

2 Fertige in deinem Heft eine Tabelle an. Dort trägst du alle Namenwörter (Nomen) ein. Finde zu jedem Nomen die fehlende Einzahl oder Mehrzahl.

Einzahl	***Mehrzahl***
das Haus	*die Häuser*

3 Versuche, eine möglichst lange „Wörterschlange" aus den Wörtern des Textes zu bilden. Beginne mit dem Wort „Hund". Das nächste Wort muss also mit dem letzten Buchstaben des vorherigen Wortes beginnen.

Tierklinik: Schlauer Hund	06	Die Lösungen

1 Zeige deinem Lehrer/deiner Lehrerin deine Antworten.

2 Einzahl – Mehrzahl

Einzahl	**Mehrzahl**	**Einzahl**	**Mehrzahl**
die Tierklinik	die Tierkliniken	der Unfall	die Unfälle
der Hund	die Hunde	die Tür(e)	die Türen
die Stadt	die Städte	der Angestellte	die Angestellten
der Tierarzt	die Tierärzte	der Morgen	die Morgen
das Auto	die Autos	das Herrchen	die Herrchen
das Tier	die Tiere	die Klinik	die Kliniken

3 Zwei mögliche Wörterschlangen:

Hund ➜ dort ➜ Tierklinik ➜ Klinik ➜ kilometerweit ➜ Tierarzt ➜ Türe ➜ ein ➜ nächtlichen ➜ nächsten ➜ ...

Hund ➜ das ➜ selbst ➜Tierklinik ➜ kilometerweit ➜ Türe ➜ ein ➜ nächtlichen ➜ nächsten ➜ ...

Die Nachricht	07	Die Aufgaben

HÄFTLINGE

Filmreife Flucht

KOPENHAGEN ■ Fünf Häftlinge im dänischen Sandholm sind durch einen selbst gegrabenen Tunnel aus dem Knast geflüchtet. Die Insassen der Haftanstalt hatten von einer Zelle aus einen zehn Meter langen Tunnel gegraben. In der Nacht krochen sie unterirdisch unter zwei Anstaltszäune hinweg in die Freiheit. Die Geflüchteten sind keine gefährlichen Kriminellen. *dpa*

1. Beantworte jede Frage.
   a) Wie konnten die Häftlinge flüchten?
   b) Wo begann ihr Tunnel?
   c) Zu welcher Zeit flüchteten sie?
   d) Wie viel Personen gelang die Flucht?

2. Schreibe alle Wörter mit Doppellauten heraus und baue sie anschließend Buchstabe für Buchstabe auf.
   Beispiel: Otto = O – Ot – Ott – Otto

3. Schreibe alle Wörter mit mehr als zwei Silben heraus und trenne sie anschließend so oft es geht.
   Beispiel: Klassenzimmer = Klas-sen-zim-mer

4. Erkläre die Bedeutung der folgenden Begriffe:

   Häftling – Tunnel – Knast – Insassen – Haftanstalt – Kriminelle

Häftlinge: Filmreife Flucht	07	Die Lösungen

1. Zeige deinem Lehrer/deiner Lehrerin deine Antworten.

2. Wörter mit Doppellauten aus dem Text:

   Tunnel – Insassen – Zelle – Kriminellen

3. Wörter mit mehr als zwei Silben:

   Häft-lin-ge / film-rei-fe / Ko-pen-ha-gen / dä-ni-schen / ge-gra-be-nen / ge-flüch-tet / In-sas-sen / Haft-an-stalt / ge-gra-ben / un-ter-ir-disch / An-stalts-zäu-ne / Ge-flüch-te-ten / ge-fähr-li-chen / Kri-mi-nel-len

4. Erkläre die Bedeutung der folgenden Begriffe:

Häftling	=	Jemand, der wegen eines Verbrechens in ein Gefängnis eingesperrt wurde.
Tunnel	=	Ein Gang, der unter der Erde gegraben wurde.
Knast	=	anderes Wort für Gefängnis
Insassen	=	Bewohner eines Gefängnisses
Haftanstalt	=	anderes Wort für Gefängnis
Kriminelle	=	Verbrecher/Personen, die straffällig geworden sind

Die Nachricht	08	Die Aufgaben

OBDACHLOSER

Mit Autos geduscht

FÜRTH ■ Eine Autowaschanlage hat ein Obdachloser in Fürth mit einer Dusche verwechselt. Der Betreiber hatte auf seinem Überwachungsmonitor zwischen Düsen und Bürsten einen nackten Mann entdeckt. Als eine Streife eintraf, verließ der mittlerweile wieder mit einer Hose bekleidete 36-Jährige die Waschanlage. Den Beamten erklärte er, er habe dort duschen wollen. *dpa*

1. Beantworte jede Frage:
   a) Was machte ein Obdachloser in Fürth?
   b) Wie entdeckte der Betreiber den Mann?
   c) Wen rief der Betreiber zu Hilfe?
   d) Was erklärte der Mann den Beamten?

2. Schreibe alle Namenwörter (Nomen) heraus und trenne sie in möglichst viele Silben.

3. Welche Wörter verstecken sich in den folgenden Begriffen? Die Buchstaben darfst du nicht vertauschen. Versuche, die Begriffe in möglichst viele kleine Wörter zu zerlegen.

   Beispiel: Apfelbaum: Apfel, Baum, Bau, um

   Obdachloser – Autowaschanlage – Überwachungsmonitor – mittlerweile

Obdachloser: Mit Autos geduscht	08	Die Lösungen

1. Zeige deinem Lehrer/deiner Lehrerin deine Antworten.

2. So trennst du die Nomen in möglichst viele Silben:

   Ob-dach-lo-ser / Au-tos / Au-to-wasch-an-la-ge / Du-sche / Be-trei-ber / Über-wa-chungs-mo-ni-tor / Dü-sen / Bürs-ten / Mann / Strei-fe / Ho-se / Jäh-ri-ge / Wasch-an-la-ge / Be-am-ten

3. Die versteckten Wörter:

Obdachloser:	Obdach, loser, lose, los, Lose, Los, er, Dach, ach, da, ob
Autowaschanlage:	Auto, au, Waschanlage, wasch, was, Anlage, Lage, an, lag
Überwachungsmonitor:	Überwachung, Monitor, über, er, wach, ach, Tor
mittlerweile:	Mittler, mit, er, Weile, weil, Eile, eile, Ei

Die Nachricht | **09** | Die Aufgaben

NAGER

Maus stoppt Jet

AMSTERDAM ■ Eine Maus, die an Bord einer Boeing 737 der niederländischen Fluggesellschaft KLM gesichtet worden war, hat 160 Passagieren auf der Strecke von Nizza nach Amsterdam eine fünfstündige Verspätung eingebracht. Die Reisenden mussten warten, bis sie in einer anderen Maschine fliegen konnten. Die Suche nach der Maus blieb jedoch erfolglos. *dpa*

1. Beantworte jede Frage:
   a) Wo wurde eine Maus entdeckt?
   b) Wie viele Passagiere waren an Bord?
   c) Auf welcher Flugroute sollte die Maschine fliegen?
   d) Wie groß war die Verspätung, mit der die Passagiere ans Ziel kamen?

2. Schreibe alle Wörter, die weniger als vier Buchstaben, und alle, die mehr als acht haben, aus dem Text in dein Heft.

3. Fertige in deinem Heft eine Tabelle an und trage in eine Spalte alle Wörter mit *ei*, in die andere alle mit *ie* ein. Markiere jedes *ei* und *ie* farbig.

4. Stell dir vor, du wärst einer der Passagiere oder vielleicht auch die kleine Maus gewesen. Überlege dir eine kurze Geschichte zu diesem Bericht.

Nager: Maus stoppt Jet | **09** | Die Lösungen

1. Zeige deinem Lehrer/deiner Lehrerin deine Antworten.

2. Weniger als vier Buchstaben: an, die, der, hat, auf, von, bis, in, sie
   Mehr als acht Buchstaben: (9) Reisenden, Amsterdam, gesichtet, erfolglos, (10) Verspätung, (11) Passagieren, (12) fünfstündige, (16) niederländische, Fluggesellschaft

3. Wörter mit *ei* und *ie:*

ei	**ie**
Eine	die / Die
einer	niederländischen
Boeing	Passagieren
eingebracht	sie
Reisenden	fliegen
	blieb

4. Lies deine Geschichte deiner Klasse vor oder zeige sie deinem Lehrer/deiner Lehrerin.

Die Nachricht	10	Die Aufgaben

AUSREISSER

Spritztour im Reisebus

HAGEN ■ Tränenüberströmt haben zwei aus einem Kinderheim ausgerissene Jungen (11 und 13) eine Spritztour mit einem gestohlenen Reisebus in Hagen beendet. Der Ältere hatte beim Abbiegen die Gewalt über den Bus verloren und kam von der Fahrbahn ab. Der Bus rammte Begrenzungspfähle, Verkehrszeichen und einen Stromkasten. Sachschaden: 40.000 Euro. *dpa*

1 Beantworte jede Frage:
a) Wo wohnen die beiden Jungen?
b) Was haben die Beiden angestellt?
c) Wer fuhr den Bus?
d) Was haben sie beschädigt?

2 Finde zu den folgenden Begriffen weitere Wörter aus der Wortfamilie.
Beispiel:
Haus ➜ Hausmeister, Haustür, häuslich ...
abbiegen – Bus – Gewalt – Fahrbahn – zwei

3 Welche Behauptungen treffen zu?
- ☐ Die beiden Jungen waren aus einem Kinderheim.
- ☐ Der Bus verlor die Gewalt über den Älteren.
- ☐ Der Reisebus wurde beschädigt.
- ☐ Die Kinder wollten sich den Bus nur ausleihen.
- ☐ Es wurden mehrere Sachen bei der Fahrt beschädigt.

Ausreißer: Spritztour im Reisebus	10	Die Lösungen

1 Zeige deine Antworten deinem Lehrer/deiner Lehrerin.

2 Wörter aus der Wortfamilie:

abbiegen ➜ Abbiegespur, Abbiegung
Bus ➜ Busfahrer, Busfahrplan, Busspur, Bushaltestelle, Reisebus, Omnibus ...
Gewalt ➜ gewaltig, vergewaltigen, Vergewaltigung, Gewaltverbrechen, Gewaltakt, Gewaltandrohung, Gewaltanwendung, Gewaltbereitschaft, Gewalteinwirkung, gewaltfrei, gewaltlos ...
Fahrbahn ➜ Fahrbahnmarkierung, Fahrbahnverengung, Fahrbahnwechsel, befahrbar, fahrbar ...
zwei ➜ Zweiachser, zweiachsig, Zweiakter, zweiarmig, Zweibeiner, zweibeinig, zweieiig, Zweier, zweideutig, Zweideutigkeit, Zweibettzimmer, zweifach, Zweifamilienhaus, zweifarbig ...

3 Richtig:
- ☑ Die beiden Jungen waren aus einem Kinderheim.
- ☐ Der Bus verlor die Gewalt über den Älteren.
- ☑ Der Reisebus wurde beschädigt.
- ☐ Die Kinder wollten sich den Bus nur ausleihen.
- ☑ Es wurden mehrere Sachen bei der Fahrt beschädigt.

Die Nachricht	11	Die Aufgaben

VERKEHR

Elfjähriger am Steuer

SALZBURG ■ Einen Elfjährigen am Steuer hat die Polizei bei Salzburg gestoppt. Die Mutter des Jungen saß auf der Rückbank. Sie habe den Wunsch ihres Sohnes nicht abschlagen können, das Fahrzeug zu lenken, begründete die Frau ihr Verhalten. Der Junge lerne gerade das Autofahren. Die Frau wurde angezeigt und muss damit rechnen, dass ihr Führerschein eingezogen wird. *dpa*

1. Beantworte jede Frage:
   a) Wen stoppte die Polizei?
   b) Warum saß kein Erwachsener am Steuer?
   c) Warum ließ die Mutter den Jungen ans Steuer?
   d) Womit muss die Mutter nun rechnen?
2. Finden zu den folgenden Namenwörtern (Nomen) möglichst viele zusammengesetzte Namenwörter.
   Verkehr – Steuer – Polizei – Mutter – Wunsch – Frau – Fahrzeug
3. Finde die passenden Begriffe aus dem Text zu den vorgegebenen Worthülsen. Achtung! Die Reihenfolge der Wörter entspricht nicht der Reihenfolge im Bericht.

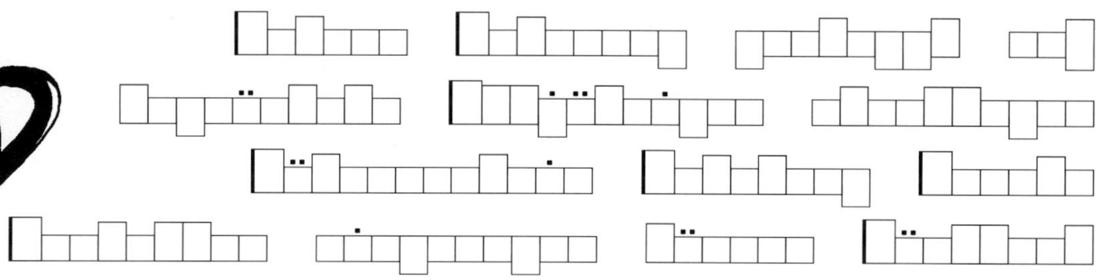

Verkehr: Elfjähriger am Steuer	11	Die Lösungen

1. Zeige deinem Lehrer/deiner Lehrerin deine Antworten.
2. Besprecht eure Lösungen in der Klasse.
3. Die passenden Begriffe zu den vorgegebenen Worthülsen:

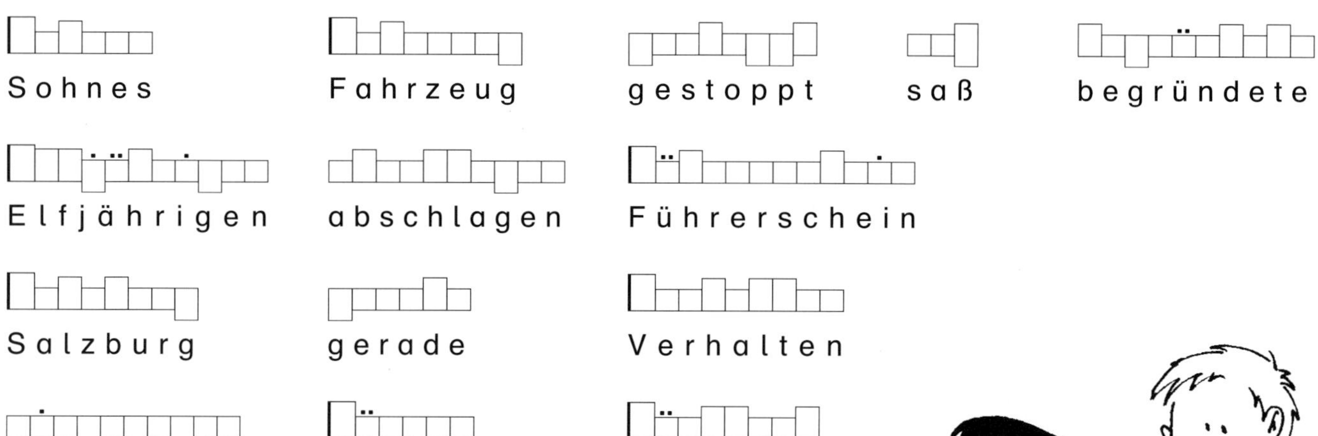

Die Nachricht	12	Die Aufgaben

WILDSAU-ATTACKE

Kind hatte Schwein

RHEDE ■ Ein Zwölfjähriger aus Rhede (Nordrhein-Westfalen) hat Schwein gehabt. Er hatte in einem Wäldchen mit Freunden gespielt und dabei eine Wildsau aufgeschreckt. Das Borstenvieh rannte auf ihn zu und rammte ihn. Als er zu Boden fiel, ließ das Tier von ihm ab und sauste davon. Offenbar hat die Wildsau Junge gehabt. Der Erschreckte erlitt nur Kratzer. *dpa*

1 Beantworte jede Frage:
a) Wo spielte der Zwölfjährige?
b) Was schreckten er und seine Freunde auf?
c) Was machte das Tier?

2 Finde zu den folgenden Begriffen Synonyme (Wörter mit ähnlicher oder gleicher Bedeutung).
Freunde – fallen – sausen – Junge – Attacke

3 Welche Begriffe aus dem Bericht wurden hier umschrieben?
- Ein wildes Tier mit Rüssel, das in Wäldern lebt.
- Sehr viele Bäume, die zusammenstehen.
- Meist gleichaltrige Personen, mit denen man gern zusammen ist.
- Eine sehr schnelle Form des Gehens.
- Jemanden durch Umstoßen zu Fall bringen.
- Kleinere Wunde, die meist schnell wieder verheilt.

Wildsau-Attacke: Kind hatte Schwein	12	Die Lösungen

1 Zeige deinem Lehrer/deiner Lehrerin deine Antworten.

2 Beispiele für Synonyme:

Freunde ➜ Kumpel, Kumpane, Mitstreiter ...
fallen ➜ hinfallen, abstürzen, niederstürzen ...
sausen ➜ rennen, eilen, hasten, stürmen ...
Junge ➜ Kinder, Frischlinge, Wurf ...
Attacke ➜ Angriff, Offensive, Vorstoß ...

3 Diese Begriffe wurden gesucht:

Ein wildes Tier mit Rüssel, das in Wäldern lebt. ➜ **Wildsau, Wildschwein**
Sehr viele Bäume, die zusammenstehen. ➜ **Wäldchen, Wald**
Meist gleichaltrige Personen, mit denen man gern zusammen ist. ➜ **Freunde**
Eine sehr schnelle Form des Gehens. ➜ **rennen**
Jemanden durch Umstoßen zu Fall bringen. ➜ **rammen**
Kleinere Wunde, die meist schnell wieder verheilt. ➜ **Kratzer**

Die Nachricht	13	Die Aufgaben

POLIZEI

Einsatz beim Zahnarzt

BAD WÖRISHOFEN ■ Laute Hilferufe veranlassten in Bad Wörishofen eine Frau, die Polizei zu verständigen. Die Rufe erwiesen sich dann aber als eher harmlos. Sie kamen aus dem geöffneten Fenster einer Zahnarztpraxis, in der ein zehnjähriger Bub vor Schmerzen schrie. Nachdem die Beamten dem Jungen gut zuredeten, konnte der Zahnarzt die Behandlung fortsetzen. *dpa*

1 Beantworte jede Frage:
a) Wer rief die Polizei?
b) Woher kamen die Hilfeschreie?
c) Warum schrie der Junge?
d) Wann konnte der Zahnarzt die Behandlung fortsetzen?

2 Trenne alle Wörter mit mehr als zwei Silben und schreibe sie in dein Heft.

3 Versuche dieses Kreuzworträtsel mit Begriffen aus dem Bericht zu lösen.

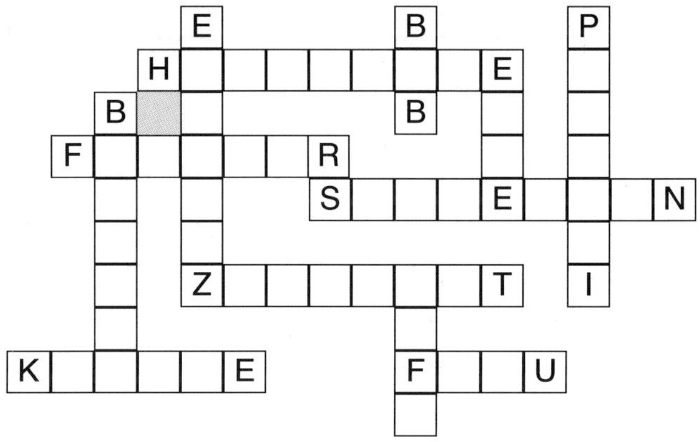

Polizei: Einsatz beim Zahnarzt	13	Die Lösungen

1 Zeige deinem Lehrer/deiner Lehrerin deine Antworten.

2 Wörter mit mehr als zwei Silben:
Po-li-zei / Wö-ris-ho-fen / Hil-fe-ru-fe / ver-an-las-sen / ver-stän-di-gen / er-wie-sen / ge-öff-ne-ten / Zahn-arzt-pra-xis / zehn-jäh-ri-ger / Be-am-ten / zu-re-de-ten / Be-hand-lung / fort-set-zen

3 Das Kreuzworträtsel:

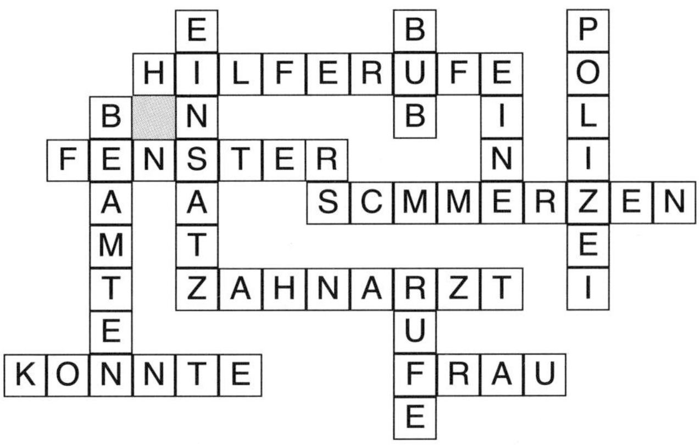

Die Nachricht	14	Die Aufgaben

<u>ZÜCHTUNG</u>
Lila Tomaten

TEL AVIV ■ Ein israelischer Landwirt hat in der Wüste gelbe, orange und lilafarbene Tomaten gezüchtet. Eine israelische Zeitung meldet, Michael Ofran aus der Arava-Region habe fünf Jahre lang an der Entwicklung gearbeitet. Der Landwirt hat mit dem Export vor allem in die USA und nach Großbritannien begonnen – für umgerechnet sechs Euro das Kilo. *dpa*

1 Beantworte jede Frage:
a) Aus welchem Land wird hier berichtet?
b) Was gelang dem Landwirt?
c) Wie lange brauchte er für seinen Erfolg?
d) In welche Länder will er vor allem die Tomaten verkaufen?
e) Wie viel sollen die Tomaten kosten?

2 Erkläre die folgenden Begriffe. Du kannst ein Wörterbuch oder Lexikon verwenden.

Landwirt – Zeitung – Entwicklung – Export

3 Schreibe alle Namenwörter (Nomen) aus dem Text heraus und finde zu jedem die fehlende Einzahl oder Mehrzahl.

4 Stell dir vor, du wärst der Landwirt und möchtest nun bunte Tomaten verkaufen. Wie würdest du für sie werben? Entwerfe ein Plakat.

Züchtung: Lila Tomaten	14	Die Lösungen

1 Zeige deinem Lehrer/deiner Lehrerin deine Antworten.

2 Hier ein paar Lösungsbeispiele für die Begriffe:

Landwirt = Bauer, Farmer
Zeitung = mehrere bedruckte Seiten, mit Bildern und den neuesten Nachrichten
Entwicklung = Fortschritt, Gedeihen
Export = Außenhandel, Lieferung von Waren ins Ausland

3 Alle Namenwörter aus dem Text mit Einzahl und Mehrzahl.

Einzahl	**Mehrzahl**	**Einzahl**	**Mehrzahl**
die Züchtung	die Züchtungen	das Jahr	die Jahre
die Tomate	die Tomaten	die Entwicklung	die Entwicklungen
der Landwirt	die Landwirte	der Export	die Exporte
die Wüste	die Wüsten	der Euro	die Euro
die Zeitung	die Zeitungen	das Kilo	die Kilo
die Region	die Regionen		

4 Lest eure Werbeideen für die bunten Tomaten in der Klasse vor.
Macht einen kleinen Wettbewerb: Wer von euch hat die besten Werbesprüche, das beste Plakat?

Die Nachricht	15	Die Aufgaben

POLIZEI

Junge Bewerber

BAD KISSINGEN ■ Die jüngsten Bewerber für eine Stelle bei der Polizei kommen aus Bad Kissingen: Zwei fünf und sieben Jahre alte Buben haben sich mit einem Brief in etwas krakeliger Handschrift bei der Autobahnpolizei beworben. Sie erhielten den Ratschlag, gute Noten zu schreiben und sich fit zu halten. Das seien wichtige Voraussetzungen für ihren Traumberuf. *dpa*

1 Beantworte jede Frage:
   a) Wer wollte sich bei der Polizei bewerben?
   b) Wie stellten die Jungen das an?
   c) Was riet ihnen die Polizei?
   d) Wie alt waren die Jungen?

2 Diktiere einem Klassenkameraden den Text und korrigiere ihn anschließend.

3 Versuche, dieses Kreuzworträtsel mit Wörtern aus dem Bericht auszufüllen.

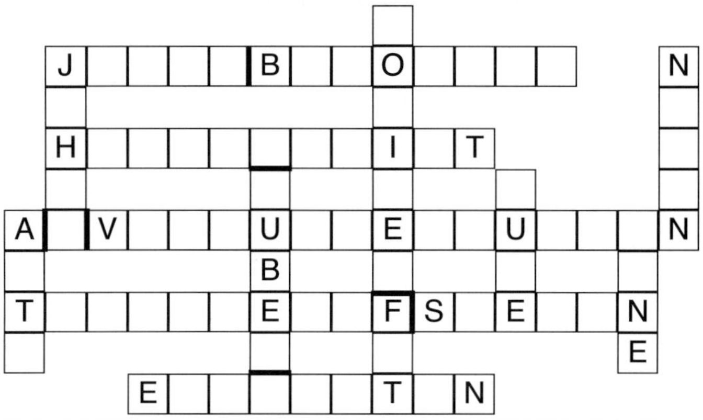

Polizei: Junge Bewerber	15	Die Lösungen

1 Zeige deinem Lehrer/deiner Lehrerin deine Antworten.

2 Vergleiche dein Diktat noch einmal mit dem Bericht. Verbessere deine Fehler.

3 Lösung Kreuzworträtsel:

Die Nachricht	16	Die Aufgaben

KOPILOT

Dummer Scherz

NEW YORK ■ Wegen eines Bombenscherzes bei der Sicherheitskontrolle ist ein Kopilot der französischen Fluggesellschaft Air France auf dem New Yorker JFK-Flughafen festgenommen und sein Flug annulliert worden. Der Kopilot machte bei der Sicherheitskontrolle einen Scherz über eine Bombe in seinem Schuh. Er wurde sofort festgenommen, das Flugzeug wurde auf Sprengstoff untersucht. Air France musste den Flug streichen, weil kein anderer Kopilot gefunden wurde. Die 350 Passagiere wurden für die Nacht in Hotels untergebracht. *dpa*

1 Beantworte jede Frage:
a) Warum wurde der Kopilot festgenommen?
b) Bei welcher Fluggesellschaft war er angestellt?
c) Was wurde mit dem Flugzeug gemacht?
d) Warum mussten die 350 Passagiere in Hotels übernachten?

2 Erkläre die folgenden Begriffe mit eigenen Worten. Du darfst auch ein Wörterbuch verwenden.

Kopilot – Scherz – annullieren – Sprengstoff – Passagier – Hotel

3 Welche Folgen könnte dieser Scherz für den Kopiloten haben? Was denkst du? Schreibe eine kurze Einschätzung.

Kopilot: Dummer Scherz	16	Die Lösungen

1 Vergleiche deine Antworten mit jemandem aus der Klasse.
Belege (beweise) deine Antworten mit den richtigen Stellen im Text.

2 **Kopilot** = a) zweiter Pilot in einem Flugzeug
b) zweiter Fahrer in einem Rennwagen
Scherz = Witz, Spaß
annullieren = etwas amtlich für ungültig erklären
Sprengstoff = ein Stoff, der zur Explosion gebracht werden kann
Passagier = Schiffsreisender, Fluggast, Fahrgast
Hotel = Gebäude, in dem man gegen Bezahlung übernachten kann

3 Vergleicht eure Einschätzungen untereinander. Erstellt ein Meinungsbild und diskutiert darüber in der Klasse. War das wirklich nur ein dummer Scherz?

Die Nachricht	17	Die Aufgaben

SCHÜLER

Papa sein ist „jättekul“

STOCKHOLM ■ Mit 13 Jahren ist ein Schüler aus Härnösund jüngster Vater in Schweden geworden. Mats Jonsson war „zuerst geschockt“, als ihm seine Freundin Veronica Söderholm (15) berichtete, sie sei im vierten Monat schwanger. Seit der Geburt des Sohnes Kevin im Juli empfindet der Achtklässler sein Dasein als Vater aber als „jättekul“, zu Deutsch: „absolut klasse“. *dpa*

1 Beantworte jede Frage:
   a) Wie alt ist der jüngste Vater Schwedens und wie heißt er?
   b) Wie heißt die Mutter und wie alt ist sie?
   c) Wie war die erste Reaktion des Jungen, als er erfuhr, dass er Vater wird?
   d) Was bedeutet das schwedische Wort „jättekul“?

2 Finde zu den folgenden Begriffen ein verwandtes Namenwort (Nomen). Schreibe zuerst die Begriffe ab und daneben dann deine Lösung.
jüngster – geschockt – berichtete – schwanger – empfindet

3 Finde alle Nomen aus dem Text heraus und ordne sie dann nach den Alphabet. Aufgepasst! Eigennamen sind nicht gemeint.

4 Überlege dir, ob es wirklich „absolut klasse“ ist, so jung schon Vater beziehungsweise Mutter zu werden. Was denkst du darüber? Mach dir Stichworte.

Schüler: Papa sein ist „jättekul“	17	Die Lösungen

1 Vergleiche deine Antworten mit jemandem aus der Klasse.
Belege (beweise) deine Antworten mit den richtigen Stellen im Text.

2 Finde jeweils ein verwandtes Nomen.

jüngster ➜ der Junge, der Jüngling
geschockt ➜ der Schock
berichtete ➜ der Bericht
schwanger ➜ die Schwangerschaft, die Schwangere
empfindet ➜ die Empfindung

3 Alle Nomen aus dem Text alphabetisch geordnet.

Achtklässler / Dasein / Deutsch / Freundin / Geburt / Jahren /
Juli / Monat / Papa / Schüler / Schweden / Sohnes / Vater

4 Trage deine Meinung vor und begründe sie.
Nimm dazu deine Stichworte zu Hilfe.

Bd. 314. Jens Eggert: Kurze Zeitungsberichte lesen und verstehen.

Die Nachricht	18	Die Aufgaben

STRAFTÄTER

Versehentlich gestellt

NORDERSTEDT ■ Ein mit Haftbefehl gesuchter Jugendlicher hat sich in Norderstedt bei Hamburg unbeabsichtigt der Polizei gestellt. Der 17-Jährige wollte eigentlich Anzeige wegen Beleidigung und Körperverletzung erstatten. Die Beamten stellten jedoch fest, dass er selbst wegen elf Straftaten gesucht wurde, weil er zu keinem der anhängenden Gerichtsverfahren erschienen war. *dpa*

1. Beantworte jede Frage:
   a) Was passierte einem Jugendlichen aus Versehen?
   b) Warum wurde der Jugendliche mit Haftbefehl gesucht?
   c) Was wollte er bei der Polizei machen?
2. Ergänze die folgenden Sätze mit passenden Begriffen aus dem Pressebericht. Schreibe die Sätze in dein Heft.
   a) Jemand der kein Kind mehr ist, aber auch noch kein Erwachsener, ist ein ... .
   b) Wenn ein Richter will, dass jemand von der Polizei festgenommen wird, stellt er einen ... aus.
   c) Die ... sorgt für Recht und Ordnung.
   d) Wenn man jemand anderen schlägt, kann man wegen ... angezeigt werden.
3. Fertige eine Tabelle mit drei Spalten an. Links trägst du alle Namenwörter (Nomen) ein, in die Mitte alle Tuwörter (Verben) in der Grundform, rechts die Wiewörter (Adjektive).

Straftäter: Versehentlich gestellt	18	Die Lösungen

1. Vergleiche deine Antworten mit jemandem aus der Klasse.
   Belege (beweise) deine Antworten mit den richtigen Stellen im Text.

2. Nach diesen Ergänzungen wurde gesucht:
   a) Jemand der kein Kind mehr ist, aber auch noch kein Erwachsener, ist ein **Jugendlicher**.
   b) Wenn ein Richter will, dass jemand von der Polizei festgenommen wird, stellt er einen **Haftbefehl** aus.
   c) Die **Polizei** sorgt für Recht und Ordnung.
   d) Wenn man jemanden anderen schlägt, kann man wegen **Körperverletzung** angezeigt werden.

3. Wörter aus dem Bericht ordnen.

Nomen	Verben	Adjektive
Straftäter, Haftbefehl, Jugendliche, Polizei, 17-Jährige, Anzeige, Beleidigung, Körperverletzung, Beamten, Straftaten, Gerichtsverfahren	stellen, haben, wollen, erstatten, feststellen, suchen, werden, scheinen, sein	versehentlich, unbeabsichtigt, anhängend, gesucht

Die Nachricht	19	Die Aufgaben

DICKHÄUTER

Scheibe zertrümmert

LONDON ■ Ein Elefant hat in einem englischen Safari-Park mit einem Stein die Scheibe eines Autos eingeworfen. „Wir haben uns furchtbar erschrocken", sagte Shireen Birch. Sie hatte ihren Zwillingen Callum und Louis (4) kurz zuvor versichert, Elefanten seien „freundliche Riesen". Ein Sprecher des Parks entschuldigte sich und sagte, der Elefant habe nur spielen wollen. *dpa*

1 Beantworte jede Frage:
  a) Wo ereignete sich der Vorfall, von dem hier zu lesen ist?
  b) Was war passiert?
  c) Als was bezeichnete die Mutter die Elefanten?
  d) Was meinte ein Sprecher des Parks zu dem Vorfall?

2 Finde zu jedem der Tuwörter (Verben) die passende Grundform und beuge es dann in der Gegenwart (Präsenz) in allen Personalformen (ich, du, er/sie/es, wir, ihr, sie):
hat – eingeworfen – erschrocken – entschuldigte – seien – sagte

3 Was tat der Elefant?
- ☐ Er hat die Scheibe eingetreten.
- ☐ Er hat die Scheibe eingeworfen.
- ☐ Er hat mit den Kindern gespielt.

4 Stell dir vor, du hättest auch in dem Auto gesessen und hättest alles mitbekommen. Schreibe eine kleine Geschichte dazu.

Dickhäuter: Scheibe zertrümmert	19	Die Lösungen

1 Vergleiche deine Antworten mit jemandem aus der Klasse.
Belege (beweise) deine Antworten mit den richtigen Stellen im Text.

2 Die Verben aus dem Text:

Text	**hat(te)/habe**	**eingeworfen**	**erschrocken**	**entschuldigte**	**seien**	**sagte**
Grundform	haben	einwerfen	erschrecken	entschuldigen	sein	sagen
ich	habe	werfe ein	erschrecke	entschuldige	bin	sage
du	hast	wirfst ein	erschrickst	entschuldigst	bist	sagst
er/sie/es	hat	wirft ein	erschrickt	entschuldigt	ist	sagt
wir	haben	werfen ein	erschrecken	entschuldigen	sind	sagen
ihr	habt	werft ein	erschreckt	entschuldigt	seid	sagt
sie	haben	werfen ein	erschrecken	entschuldigen	sind	sagen

3 Er hat die Scheibe eingeworfen.

4 Zeige deine Geschichte deinem Lehrer/deiner Lehrerin.
Vielleicht liest du sie sogar der Klasse vor.

Die Nachricht	20	Die Aufgaben

GELDAUTOMAT

Diebe hatten Pech

BRACHWITZ ■ An ihrer gewichtigen Beute sind Diebe in Sachsen-Anhalt gescheitert: Mit einem gestohlenen Lastwagen und einem Seil hatten sie in einer Sparkassen-Filiale in Brachwitz einen Geldautomaten aus der Verankerung gerissen und mitgeschleift. Die Diebe hatten jedoch das Pech: das Seil riss. Der Geldautomat blieb auf der Straße liegen. Die Täter ergriffen die Flucht. *dpa*

1. Beantworte jede Frage:
   a) Was wollten die Diebe stehlen?
   b) Welches Fahrzeug benutzten sie für ihre Tat?
   c) Warum scheiterte der Diebstahl?
   d) Was machten die Diebe anschließend?

2. Was passierte mit dem Seil?
   ☐ Es war zu kurz.
   ☐ Es riss aus der Verankerung.
   ☐ Es riss beim Abtransport.

3. Finde zu den folgenden Namenwörtern (Nomen) ein Synonym (anderes Wort mit gleicher oder ähnlicher Bedeutung).
   Diebe – Pech – Beute – Filiale – Seil – Straße – Täter – Flucht

4. Suche alle Wörter heraus, in denen entweder ein *i*, *ie* oder *ih* vorkommt. Schreibe sie in dein Heft, unterstreiche die *i, ie, ih* und und lies anschließend die Wörter laut vor. Was fällt dir auf?

Geldautomat: Diebe hatten Pech	20	Die Lösungen

1. Vergleiche deine Antworten mit jemandem aus der Klasse.
   Belege (beweise) deine Antworten mit den richtigen Stellen im Text.

2. Das Seil riss beim Abtransport.

3. Synonyme zu den Nomen finden:

   Diebe ➜ Gangster, Räuber, Gauner, Langfinger ...
   Pech ➜ Missgeschick, Misserfolg, Unglück, Fehlschlag ...
   Filiale ➜ Außenstelle, Nebenstelle, Zweigstelle, Agentur, Vertretung, Niederlassung ...
   Seil ➜ Strick, Leine, starke Schnur, Tau ...
   Straße ➜ Fahrbahn, Fahrweg, Fahrspur ...
   Täter ➜ Verbrecher, Übeltäter ...
   Flucht ➜ Ausbruch, Entkommen ...

4. Wörter mit *i*, *ie* und *ih:*

i	ie	ih
Brachwitz, gewichtiger, sind, mit, in, Filiale, gerissen, mitgeschleift, riss, ergriffen	Diebe, sie, blieb, liegen, die	ihrer

Die Nachricht	21	Die Aufgaben

URLAUBSHEKTIK

Kleinkind vergessen

NEAPEL ■ Ein italienisches Ehepaar hat beim Start in den Urlaub vor lauter Hektik sein Kind im Auto vergessen. Im Fährhafen bei Neapel lud der Vater seine Frau und das Gepäck aus und stellte den Wagen eilig auf einen Großparkplatz. 20 Minuten später fand ein Parkwächter die verängstigte Einjährige. Der Vater erfuhr erst von der Polizei von dem Vorfall und erlitt einen Schock. *dpa*

1. Beantworte jede Frage:
   a) Was vergaß das Ehepaar?
   b) Warum bemerkte das Ehepaar zunächst nicht, dass sie „etwas Wichtiges“ vergessen hatten?
   c) Wer fand das Kind?
   d) Wer benachrichtigte die Eltern?
2. Suche alle zusammengesetzten Wörter aus dem Text heraus und trenne sie in ihre einzelnen Wortbestandteile.
   Beispiele:
   das Schulhaus = die Schule + das Haus
   zurücktreten = zurück + treten
3. Schreibe alle Wörter heraus, in denen ein Doppellaut vorkommt. Trenne jedes in möglichst viele Silben. Aufgepasst: Man kann nicht jeden Doppellaut trennen!
4. Beuge die folgenden Tuwörter (Verben) in der einfachen Vergangenheit (Präteritum):
   luden – stellten – fanden – erfuhren – erlitten

Urlaubshektik: Kleinkind vergessen	21	Die Lösungen

1. Vergleiche deine Antworten mit jemandem aus der Klasse.
   Belege (beweise) deine Antworten mit den richtigen Stellen im Text.
2. Urlaubshektik = der Urlaub + die Hektik
   Ehepaar = die Ehe + das Paar
   Fährhafen = die Fähre + der Hafen
   Großparkplatz = groß + der Park + der Platz
   Parkwächter = der Park + der Wächter
   Einjährige = ein + jährig

3. vergessen: ver-ges-sen / Ehepaar: Ehe-paar / stellte: stell-te / Vorfall: Vor-fall / erlitt: er-litt
4. Verben im Präteritum gebeugt:

	luden	**stellten**	**fanden**	**erfuhren**	**erlitten**
ich	lud	stellte	fand	erfuhr	erlitt
du	ludst	stelltest	fandst	erfuhrst	erlittst
er, sie, es	lud	stellte	fand	erfuhr	erlitt
wir	luden	stellten	fanden	erfuhren	erlitten
ihr	ludet	stelltet	fandet	erfuhrt	erlittet
sie	luden	stellten	fanden	erfuhren	erlitten

Die Nachricht	22	Die Aufgaben

ITALIEN

Keine Tiere am Strand

MÜNCHEN ■ Hitzegeplagte Vierbeiner dürfen in Italien nicht an den Strand. Das Mitbringen von Tieren an offizielle Strände ist dort fast überall verboten. Darauf hat der ADAC in München hingewiesen. Verstöße gegen die Badeordnungen würden unterschiedlich geahndet. Geldstrafen von mehr als 1.000 Euro sind möglich. Auch das Nacktbaden sei fast überall verboten. *dpa*

1 Beantworte jede Frage:
   a) Wer darf in Italien nicht an offizielle Strände?
   b) Wie hoch kann eine Geldstrafe sein, wenn man dagegen verstößt?
   c) Was ist in Italien noch fast überall verboten?

2 Trenne alle zusammengesetzten Wörter in ihre einzelnen Wortbestandteile.

3 Was können Tierbesitzer machen, wenn sie ihr Tier nicht in den Urlaub mitnehmen können? Überlege dir mehrere Möglichkeiten.

4 Silbenpuzzle: Die Silben gehören zu Wörtern aus dem Pressebericht. Kannst du alle Wörter wieder richtig zusammensetzen?

Tie-	-nung-	-fen	**Ba-**	-ten	-re
dür-	-fen	-stö-	**un-**	-ter-	**of-**
-bei-	-ner	**Vier-**	-el-	**Geld-**	-le
-bo-	-ord-	-de-	-schied-	-fi-	-lich
ver-	**Ver-**	-zi-	-en	-ße	-stra-

Italien: Keine Tiere am Strand	22	Die Lösungen

1 Vergleiche deine Antworten mit jemandem aus der Klasse.
Belege (beweise) deine Antworten mit den richtigen Stellen im Text.

2 Zusammengesetzte Wörter:

Hitzegeplagte = die Hitze + der Geplagte (geplagt)
Vierbeiner = vier + die Beine
Mitbringen = mit + bringen
Überall = über + das All
Badeordnungen = das Bad + die Ordnungen
Geldstrafen = das Geld + die Strafen
Nacktbaden = nackt + baden

3 Bildet Gruppen. Tragt eure Vorschläge zusammen und vergleicht sie.
Was sollte ein verantwortungsbewusster Tierbesitzer tun?

4 Lösung Silbenpuzzle:

Tiere / Vierbeiner / dürfen / Badeordnungen / Geldstrafen /
verboten / Verstöße / unterschiedlich / offizielle

Die Nachricht	23	Die Aufgaben

EINGEPARKT
Telefonzelle als Falle

HAMBURG ■ Eine Stunde lang waren Mutter (51) und Tochter (14) in einer Telefonzelle in Hamburg eingesperrt, weil ein Autofahrer die Tür der Sprechkabine unbemerkt zugeparkt hatte. Der BMW stand nur 15 Zentimeter von der Tür entfernt. Ein Abschleppwagen befreite die beiden schließlich aus der misslichen Lage. Der Fahrer muss für die Abschleppkosten aufkommen. *dpa*

1. Beantworte jede Frage:
   a) Was passierte zwei Personen in Hamburg?
   b) Wie geschah es?
   c) Wie wurden die beiden Frauen aus der Telefonzelle befreit?
   d) Was kommt auf den Fahrer des Wagens zu?
2. Schreibe alle Wörter, in denen Doppellaute vorkommen heraus und trenne sie in möglichst viele Silben. Was fällt dir bei manchen Doppellauten auf?
3. Schreibe alle Tuwörter (Verben) in der Grundform heraus und finde zu jedem ein verwandtes Namenwort (Nomen).
4. Welche Begriffe werden hier beschrieben?
   a) Ein Lastwagen, der andere Fahrzeuge transportieren kann.
   b) Wenn man an einem Ort gegen seinen Willen festgehalten wird.
   c) Ein Zustand, der für jemanden sehr unerfreulich sein kann.

Eingeparkt: Telefonzelle als Falle	23	Die Lösungen

1. Vergleiche deine Antworten mit jemandem aus der Klasse.
   Belege (beweise) deine Antworten mit den richtigen Stellen im Text.
2. Wörter mit Doppellauten in möglichst viele Silben trennen: Te-le-fon-zel-le / Fal-le / Mut-ter / ein-ge-sperrt / Ab-schlepp-wa-gen / miss-li-chen / muss / Ab-schlepp-kos-ten / auf-kom-men
   Es fällt auf, dass manche Doppellaute getrennt werden, andere aber nicht.
3. Verben und verwandte Normen dazu finden:
   einparken ➜ das Einparken, das Parkhaus ...
   sein ➜ das Sein, das Nichtsein ...
   einsperren ➜ das Einsperren, die Sperre ...
   zuparken ➜ das Parken, Parkhaus ...
   haben ➜ die Habe ...
   stehen ➜ der Stand ...
   befreien ➜ die Befreiung, der Befreier ...
   müssen ➜ das Muss ...
   aufkommen ➜ das Aufkommen ...
4. Nach diesen Begriffen wurde gesucht:
   a) **Abschleppwagen**
   b) **eingesperrt**
   c) **misslich**

Die Nachricht	24	Die Aufgaben

BOMBENDROHUNG

Kostspieliger Ulk per SMS

MÜNCHEN ■ Einen teuren Ulk hat sich ein 31-jähriger Münchner im Dezember mit einem befreundeten Ehepaar geleistet, denn seine Bombendrohung per SMS brachte ein Sprengstoffkommando auf den Plan. Den Einsatz wird er voraussichtlich bezahlen müssen, das Strafverfahren wurde unter diesen Umständen gegen 250 Euro Buße eingestellt. Die SMS des Mannes lautete: „Bombe im Auto, drehen Sie nicht den Zündschlüssel oder halten Sie sich die Ohren zu.“
dpa

1 Beantworte jede Frage:
a) Was stellte ein 31-jähriger Mann an?
b) An wen schickte er eine Nachricht?
c) Wie lautete die Nachricht?
d) Was dachte der Empfänger der Nachricht wohl?
e) Was wird den Mann nun als Strafe erwarten?

2 Erkläre die folgenden Begriffe mit anderen Worten.
kostspielig – Ulk – SMS – Strafverfahren – Buße – Zündschlüssel

3 Schreibe alle Tuwörter (Verben) heraus und vergleiche dann deine Auswahl mit der deines Tischnachbarn.

4 Stell dir vor, du hättest diese SMS bekommen. Was würdest du dann machen? Begründe dein Vorgehen so ausführlich wie möglich.

Bombendrohung: Kostspieliger Ulk per SMS	24	Die Lösungen

1 Vergleiche deine Antworten mit jemandem aus der Klasse.
Belege (beweise) deine Antworten mit den richtigen Stellen im Text.

2 Erkläre die folgenden Begriffe mit anderen Worten:

kostspielig = teuer, nicht billig
Ulk = Spaß, Scherz, Streich
SMS = schriftliche Kurznachricht, die über das Handy verschickt wird
Strafverfahren = eine Anklage vor Gericht
Buße = Strafe
Zündschlüssel = Schlüssel, um zum Beispiel ein Auto zu starten

3 Die Verben im Text:

hat / geleistet / brachte / bezahlen / müssen / wurde / eingestellt / drehen / halten

4 Trage deine Vorstellungen in der Klasse vor.

Die Nachricht	25	Die Aufgaben

FRÜCHTCHEN
50 Straftaten mit 13

BERLIN ■ Ein 13-Jähriger ist in Berlin bereits zum 50. Mal bei einer Straftat erwischt worden. Die Polizei fasste ihn, als er zusammen mit einem 12-jährigen Komplizen in ein Frisörgeschäft einbrach. Bei seiner ersten Straftat war er gerade mal acht Jahre alt. Zu seinen bisherigen Straftaten gehören Raub, gefährliche Körperverletzung, Erpressung, Brandstiftung und Diebstahl. *dpa*

1. Beantworte jede Frage:
   a) Über wen wird hier berichtet?
   b) Wobei wurde er erwischt?
   c) Mit welchem Alter beging er seine erste Straftat?
   d) Welche Straftaten beging er bisher?
2. Trenne jedes Wort in möglichst viele Silben, sofern das möglich ist.
3. Suche alle Namenwörter (Nomen) aus dem Text heraus und finde zu jedem die fehlende Einzahl oder Mehrzahl. Fertige dazu in deinem Heft eine Tabelle an.
4. Überlege dir, was man deiner Meinung nach mit diesem Jungen machen sollte. Begründe deinen Vorschlag und stelle ihn in der Klasse vor.

Früchtchen: 50 Straftaten mit 13	25	Die Lösungen

1. Vergleiche deine Antworten mit jemandem aus der Klasse.
   Belege (beweise) deine Antworten mit den richtigen Stellen im Text.
2. Wörter, die getrennt werden können:

   Frücht-chen / Straf-ta-ten / Ber-lin / Jäh-ri-ger / be-reits / Straf-tat / er-wischt / wor-den / Po-li-zei / fass-te / zu-sam-men / ei-nem / jäh-ri-gen / Kom-pli-zen / Fri-sör-ge-schäft / ein-brach / sei-ner / ers-ten / Straf-tat / ge-ra-de/ Jah-re / sei-nen / bis-he-ri-gen / ge-hö-ren / ge-fähr-li-che / Kör-per-ver-let-zung / Er-pres-sung / Band-stif-tung / Dieb-stahl
3. Nomen aus dem Text in Einzahl und Mehrzahl:

Einzahl	**Mehrzahl**	**Einzahl**	**Mehrzahl**
das Früchtchen	die Früchtchen	das Jahr	die Jahre
die Straftat	die Straftaten	der Raub	die Raube
das Mal	die Male	die Körperverletzung	die Körperverletzungen
die Polizei	die Polizeien	die Erpressung	die Erpressungen
der Komplize	die Komplizen	die Brandstiftung	die Brandstiftungen
das Frisörgeschäft	die Frisörgeschäfte	der Diebstahl	die Diebstähle

4. Zeige deinem Lehrer/deiner Lehrein deine Antwort.
   Trage deine Meinung der Klasse mündlich vor.

Die Nachricht	26	Die Aufgaben

PECH

Im Suff Auto versenkt

ANTWERPEN ■ Vor den Augen der Polizei hat ein alkoholisierter Antwerpener sein Auto ins Wasser gestoßen. Die Beamten wollten den Wagen abschleppen lassen, weil er gefährlich nahe am Schelde-Ufer stand. Just tauchte der Besitzer auf und wollte wegfahren. Der Betrunkene ging auf das Fahrzeug zu, strauchelte und stieß gegen das Auto, worauf es ins Wasser rollte. *dpa*

1. Beantworte jede Frage:
   a) Wie versenkte ein Mann in Antwerpen sein Auto?
   b) Machte er das mit Absicht?
   c) Warum wollte die Polizei sein Auto abschleppen lassen?
2. Suche alle Wörter mit Doppellauten heraus und schreibe sie in dein Heft. Finde zu jedem Wort nach Möglichkeit fünf Wörter aus der gleichen Wortfamilie.
3. Schreibe alle Tuwörter (Verben) heraus. Beuge alle Verben, die in der einfachen Vergangenheit (Präteritum) den Selbstlaut (Vokal) ändern.
4. Stell dir vor, du wärst dabei gewesen. Versuche, eine kleine Geschichte dazu zu schreiben.

Pech: Im Suff Auto versenkt	26	Die Lösungen

1. Vergleiche deine Antworten mit jemandem aus der Klasse.
   Belege (beweise) deine Antworten mit den richtigen Stellen im Text.
2. Wörter mit Doppellauten und Beispielwörter aus der gleichen Wortfamilie:
   Suff ➜ Suffkopf, süffeln, süffig, versoffen, besoffen ...
   Wasser ➜ Wassertropfen, Wasserleitung, Wassergeld, wässrig ...
   wollte(n) ➜ wollen, Wille, Willenskraft ...
   abschleppen ➜ Abschleppdienst, Abschlepphaken, Abschleppwagen ...
   lassen ➜ anlassen, verlassen, zulassen, auslassen, gelassen ...
   rollte ➜ rollen, Rolle, Rollcontainer, Rollbahn ...
3. Alle Verben aus dem Text:
   versenkt, gestoßen, wollten, abschleppen, lassen, stand, tauchte auf, wollte, wegfahren, ging, strauchelte, stieß, rollte

	standen (stehen)	**gingen (gehen)**	**stießen (stoßen)**
ich	stand	ging	stieß
du	standst	gingst	stießest
er, sie, es	stand	ging	stieß
wir	standen	gingen	stießen
ihr	standet	gingt	stießt
sie	standen	gingen	stießen

Die Nachricht	27	Die Aufgaben

WESPENNEST

Teures Ausräuchern

DACHAU ■ Drei Jugendliche haben beim Versuch, ein Wespennest auszuräuchern, in Dachau eine Mühle in Brand gesteckt. Nach Schätzungen der Polizei liegt der Sachschaden bei bis zu 100.000 Euro. Ein 14-Jähriger hatte in der Mühle eine brennende Zigarette in das Wespennest gesteckt. Das Nest ging in Flammen auf, jedoch fing auch der Dachstuhl Feuer. *dpa*

1 Beantworte jede Frage:
a) Was versuchten die Jugendlichen in einer Mühle?
b) Wie hoch schätzt die Polizei den Sachschaden?
c) Was machte einer der drei Jungen?
d) Was passierte, nachdem das Nest in Flammen aufging?

2 Finde alle Namenwörter (Nomen) heraus und ordne sie dann nach dem Alphabet.

3 Stell dir vor, du wärst einer der Jugendlichen. Schreibe deine Version des Vorfalls.

4 Welche Begriffe aus dem Text werden beschrieben?
- Menschen, die keine Kinder mehr sind, aber auch noch nicht erwachsen.
- Ein Gebäude, in dem beispielsweise Getreide gemahlen wird.
- Ein kleines Papierröllchen mit Tabak gefüllt.
- Der obere Teil eines Gebäudes.
- Mit Rauch jemanden vertreiben.

Wespennest: Teures Ausräuchern	27	Die Lösungen

1 Vergleiche deine Antworten mit jemandem aus der Klasse.
Belege (beweise) deine Antworten mit den richtigen Stellen im Text.

2 Die alphabetisch geordneten Nomen aus dem Text:

Ausräuchern / Brand / Dachstuhl / Feuer / Flammen / 14-Jähriger / Jugendliche / Mühle / Nest / Polizei / Sachschaden / Schätzungen/ Versuch / Wespennest / Zigarette

3 Trage deine Geschichte in der Klasse vor.

4 Diese Begriffe wurden gesucht:

Keine Kinder mehr, aber auch noch nicht erwachsen. ➜ **Jugendliche**
Ein Gebäude, in dem beispielsweise Getreide gemahlen wird. ➜ **Mühle**
Ein kleines Papierröllchen mit Tabak gefüllt. ➜ **Zigarette**
Der obere Teil eines Gebäudes. ➜ **Dachstuhl**
Mit Rauch jemanden vertreiben. ➜ **ausräuchern**

Die Nachricht	28	Die Aufgaben

AMERIKANER

Zukunft im Himmel

WASHINGTON ■ Zwei Drittel der Amerikaner glauben, dass sie nach dem Tod in den Himmel kommen. Nur ein halbes Prozent geht davon aus, später in der Hölle zu schmoren. Das geht aus einer repräsentativen Umfrage hervor. Für 79 Prozent der Befragten hat jeder Mensch eine Seele und damit ewiges Leben. Rund ein Drittel halten Himmel und Hölle für reale Orte. *dpa*

1 Beantworte jede Frage.
a) Was glauben viele Amerikaner?
b) Wie viele Amerikaner glauben daran?
c) Woher weiß man das?
d) Was denkt rund ein Drittel der Bevölkerung?

2 Woran glaubst du? Schreibe es auf und vergleiche deine Antworten dann mit denen deiner Mitschüler. Stellst du Unterschiede fest?

3 Welche Begriffe aus dem Text werden hier beschrieben?
- Eine Zeit, die noch kommt.
- Der dritte Teil vom Ganzen.
- Dieser Begriff steht für den 100ten Teil.
- Ein anderer Begriff für Paradies.
- Personen, die gebeten wurden, eine Antwort zu geben.
- Nicht jeder glaubt daran, dass er so etwas besitzt.
- Ein Ort, an dem es angeblich sehr heiß und unangenehm ist.
- Ein anderes Wort für „wirklich“, „echt“.

Amerikaner: Zukunft im Himmel	28	Die Lösungen

1 Vergleiche deine Antworten mit jemandem aus der Klasse.
Belege (beweise) deine Antworten mit den richtigen Stellen im Text.

2 Unterhaltet euch über euren Glauben.
Gibt es Unterschiede zwischen den verschiedenen Religionen?
Wie könnt ihr weitere Informationen bekommen?

3 Diese Begriffe wurden gesucht:

Eine Zeit, die noch kommt. ➜ **Zukunft**
Der dritte Teil vom Ganzen. ➜ **Drittel**
Dieser Begriff steht für den hundertsten Teil. ➜ **Prozent**
Ein anderer Begriff für Paradies. ➜ **Himmel**
Personen, die gebeten wurden, eine Antwort zu geben. ➜ **Befragte**
Nicht jeder glaubt daran, dass er so etwas besitzt. ➜ **Seele**
Ein Ort, an dem es angeblich sehr heiß und unangenehm ist. ➜ **Hölle**
Ein anderes Wort für „wirklich“, „echt“. ➜ **real**

Die Nachricht	29	Die Aufgaben

FUSSBALL
Von Tor erschlagen

BIRKENFELD ■ Ein 16 Jahre alter Fußballspieler ist im Hunsrück von einem eisernen Fußballtor erschlagen worden. Das Tor war auf einem Bolzplatz umgestürzt, als der Jugendliche auf das Gerüst kletterte. Zeugen beobachteten, wie das Fußballtor den Schüler unter sich begrub. Er wurde so schwer am Kopf verletzt, dass er noch an der Unglücksstelle starb. *dpa*

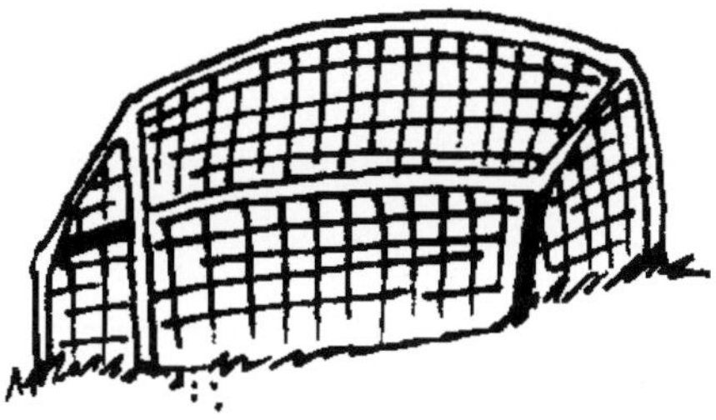

1 Beantworte jede Frage:
a) Wie stürzte das Tor um?
b) Woher weiß man so genau, wie der Unfall passierte?
c) Warum starb der Junge noch an der Unfallstelle?

2 Überlege dir, welche der folgenden Aussagen stimmen.
- ☐ Das Unfallopfer war ein 16-jähriger Fußballspieler.
- ☐ Das Tor stürzte um, als der Junge gerade darunter stand.
- ☐ Der Unfall ereignete sich während eines Fußballspiels.
- ☐ Der Junge wurde am Kopf schwer verletzt.
- ☐ Der Fußballspieler starb auf dem Weg ins Krankenhaus.

3 Suche alle Namenwörter (Nomen) heraus und schreibe sie in alphabetischer Reihenfolge in dein Heft.

4 Trenne alle Namenwörter (Nomen) in möglichst viele Silben.

Fußball: Von Tor erschlagen	29	Die Lösungen

1 Vergleiche deine Antworten mit jemandem aus der Klasse.
Belege (beweise) deine Antworten mit den richtigen Stellen im Text.

2 Diese Aussagen sind richtig:

- ☑ Das Unfallopfer war ein 16-jähriger Fußballspieler.
- ☐ Das Tor stürzte um, als der Junge gerade darunter stand.
- ☐ Der Unfall ereignete sich während eines Fußballspiels.
- ☑ Der Junge wurde am Kopf schwer verletzt.
- ☐ Der Fußballspieler starb auf den Weg ins Krankenhaus.

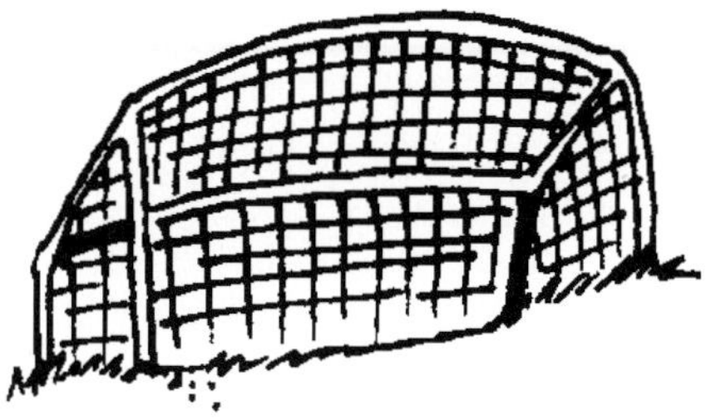

3 Alle Nomen in alphabetischer Reihenfolge:
Bolzplatz / Fußball / Fußballspieler / Fußballtor / Gerüst / Jahre
Jugendliche / Kopf / Schüler / Tor / Unglücksstelle / Zeugen

4 Trennung der Nomen in möglichst viele Silben:

Bolz-platz / Fuß-ball / Fuß-ball-spie-ler / Fuß-ball-tor / Ge-rüst / Jah-re /
Ju-gend-li-che / Kopf / Schü-ler / Tor / Un-glücks-stel-le / Zeu-gen

Die Nachricht	30	Die Aufgaben

WUNDERHEILER

Amulett gegen Kugel

ABUJA ■ Die Vorführung eines angeblichen Schutzamuletts hat einen Wunderheiler in Nigeria das Leben gekostet. Der Mann bat einen Kunden, auf ihn zu schießen, um die übernatürliche Fähigkeit seiner Ware zu demonstrieren. Die Kugel traf den Medizinmann tödlich. Der Schütze wird wegen Totschlags angeklagt. Der Gebrauch von Talismanen ist in Afrika weit verbreitet. *dpa*

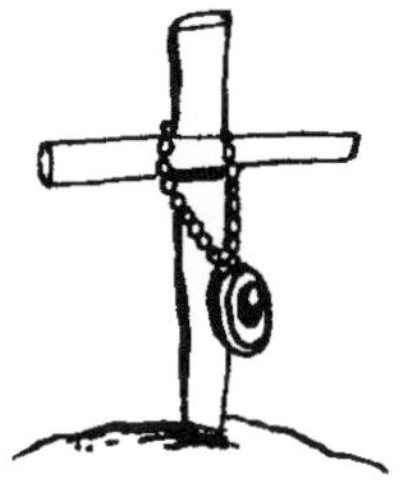

1 Beantworte jede Frage:
a) Wodurch kam der Wunderheiler ums Leben?
b) Warum schoss der Kunde auf den Wunderheiler?
c) Was sollte demonstriert werden?
d) Was passierte mit dem Schützen?

2 Finde die passenden Wortpaare. Zu jedem Wort gibt es jeweils ein passendes Synonym (Wort mit ähnlicher oder gleicher Bedeutung).
Talisman – abdrücken – Ermordung – Medizinmann – Kugel – demonstrieren – vorführen – Totschlag – anscheinend – Amulett – Einsatz – Leben – Fähigkeit – Existenz – Können – schießen – Projektil – Gebrauch – angeblich – Wunderheiler

3 Sind die Menschen hier bei uns auch abergläubisch? Gibt es (Vor-)Zeichen für Unglück oder auch Glücksbringer? Überlege dir ein paar Beispiele und schreibe sie auf. Was ist deine Meinung dazu?

Wunderheiler: Amulett gegen Kugel	30	Die Lösungen

1 Vergleiche deine Antworten mit jemandem aus der Klasse.
Belege (beweise) deine Antworten mit den richtigen Stellen im Text.

2 Das sind die richtigen Wortpaare:

Amulett – Talisman
Wunderheiler – Medizinmann
demonstrieren – vorführen
Totschlag – Ermordung
Leben – Existenz
Fähigkeit – Können
schießen – abdrücken
Kugel – Projektil
Gebrauch – Einsatz
angeblich – anscheinend

3 Lies deine Beispiele zum Thema Aberglauben vor.
Diskutiert darüber in der Klasse.

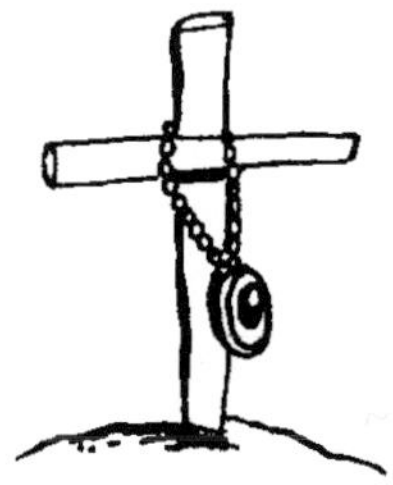

Die Nachricht	31	Die Aufgaben

ARMUT

Acht Euro für ein Kind

DHAKA ■ Aus Armut hat eine Mutter in Bangladesch ihr 20 Tage altes Baby für umgerechnet acht Euro verkauft. Die Mutter habe das Geld benötigt, um ihren vier anderen hungrigen Kindern Essen kaufen zu können, hieß es in einer Zeitung. Käufer des Neugeborenen sei ein kinderloses Paar im Westen des Landes gewesen. Bangladesch ist eines der ärmsten Länder der Welt. *dpa*

1 Beantworte jede Frage:
   a) Worüber wird in diesem Artikel berichtet?
   b) Warum gab die Mutter ihr Kind weg?
   c) Wer bekam das Kind?
   d) Wie wird das Land Bangladesch beschrieben?

2 Vorsilben verändern die Bedeutung der Verben. In unserem Bericht findest du umrechnen und verkaufen. Suche zu den Grundformen rechnen und kaufen möglichst viele passende Vorsilben und umschreibe die Bedeutungen.

3 Stell dir vor, du wärst der Käufer des Kindes. Welche Gründe fallen dir ein, ein Kind zu kaufen? Würdest du ein gekauftes Kind wieder zurückgeben?

4 Was hältst du davon, dass verschiedene Organisationen Adoptionen aus dem Ausland nach Deutschland vermitteln? Wie stellt sich die Situation für kinderlose Paare dar?

Die Nachricht	32	Die Aufgaben

INDIEN

Kind für 18 Cent

NEU DEHLI ■ Aus Hunger hat eine Mutter im indischen Bundesstaat Orissa einer Zeitung zufolge ihr neugeborenes Mädchen für umgerechnet 18 Cent an einen Ladenbesitzer verkauft. Die 35-jährige Witwe habe das Geld für Lebensmittel für ihre beiden anderen Töchter im Alter von zwei und zehn Jahren gebraucht. Die Behörden vor Ort sprachen von einer „Adoption". *dpa*

1 Beantworte jede Frage:
   a) Was machte die Mutter in ihrer Not?
   b) Wofür benötigte sie das Geld?
   c) Wer wurde „Besitzer" des Neugeborenen?
   d) Was meinten die Behörden dazu?

2 Erkläre die folgenden Begriffe nach Möglichkeit mit eigenen Worten. Du kannst als Hilfe ein Wörterbuch verwenden.
Hunger – Zeitung – Witwe – Behörden – Adoption

3 Da in Indien Mädchen im Vergleich zu Jungen keinen großen Wert haben, war dieser Schritt für die Mutter vielleicht einfacher. Was meinst du dazu?

4 Informiere dich, wie man in Deutschland Kinder adoptieren kann. Informationen bekommst du z.B. beim Jugendamt oder den Adoptionsvermittlungsstellen der Caritas und Diakonie. Berichte darüber in der Klasse.

Die Nachricht | 31 | Die Aufgaben

ARMUT

Acht Euro für ein Kind

DHAKA ■ Aus Armut hat eine Mutter in Bangladesch ihr 20 Tage altes Baby für umgerechnet acht Euro verkauft. Die Mutter habe das Geld benötigt, um ihren vier anderen hungrigen Kindern Essen kaufen zu können, hieß es in einer Zeitung. Käufer des Neugeborenen sei ein kinderloses Paar im Westen des Landes gewesen. Bangladesch ist eines der ärmsten Länder der Welt. *dpa*

1 Beantworte jede Frage:
a) Worüber wird in diesem Artikel berichtet?
b) Warum gab die Mutter ihr Kind weg?
c) Wer bekam das Kind?
d) Wie wird das Land Bangladesch beschrieben?

2 Vorsilben verändern die Bedeutung der Verben. In unserem Bericht findest du umrechnen und verkaufen. Suche zu den Grundformen rechnen und kaufen möglichst viele passende Vorsilben und umschreibe die Bedeutungen.

3 Stell dir vor, du wärst der Käufer des Kindes. Welche Gründe fallen dir ein, ein Kind zu kaufen? Würdest du ein gekauftes Kind wieder zurückgeben?

4 Was hältst du davon, dass verschiedene Organisationen Adoptionen aus dem Ausland nach Deutschland vermitteln? Wie stellt sich die Situation für kinderlose Paare dar?

Die Nachricht | 32 | Die Aufgaben

INDIEN

Kind für 18 Cent

NEU DEHLI ■ Aus Hunger hat eine Mutter im indischen Bundesstaat Orissa einer Zeitung zufolge ihr neugeborenes Mädchen für umgerechnet 18 Cent an einen Ladenbesitzer verkauft. Die 35-jährige Witwe habe das Geld für Lebensmittel für ihre beiden anderen Töchter im Alter von zwei und zehn Jahren gebraucht. Die Behörden vor Ort sprachen von einer „Adoption". *dpa*

1 Beantworte jede Frage:
a) Was machte die Mutter in ihrer Not?
b) Wofür benötigte sie das Geld?
c) Wer wurde „Besitzer" des Neugeborenen?
d) Was meinten die Behörden dazu?

2 Erkläre die folgenden Begriffe nach Möglichkeit mit eigenen Worten. Du kannst als Hilfe ein Wörterbuch verwenden.
Hunger – Zeitung – Witwe – Behörden – Adoption

3 Da in Indien Mädchen im Vergleich zu Jungen keinen großen Wert haben, war dieser Schritt für die Mutter vielleicht einfacher. Was meinst du dazu?

4 Informiere dich, wie man in Deutschland Kinder adoptieren kann. Informationen bekommst du z.B. beim Jugendamt oder den Adoptionsvermittlungsstellen der Caritas und Diakonie. Berichte darüber in der Klasse.

2 Das Wort

2.1 Wortarten

L **Die 10 verschiedenen Wortarten kennen**

Das deutsche Alphabet (Abc) besteht aus 26 Buchstaben.
Jeder dieser Buchstaben ist Sinnbild für einen sprachlichen **Laut.**
Eine kurze Folge von Lauten bezeichnen wir als **Silbe.**
Ein **Wort** kann aus einer Silbe oder aus mehreren Silben bestehen.
Man unterscheidet 10 Wortarten.

Lautarten

Selbstlaute (Vokale) werden ohne Hilfe anderer Laute gebildet		**Mitlaute** (Konsonanten) werden mit Hilfe eines Selbstlautes gebildet
a, e, i, o, u au, äu, eu, ei, ai ä, ö, ü	 Doppellaute (Diphthonge) Umlaute	b, c, d, g, j, l, m, n q, r, s, v, w, x, y, z f, h, k, p, t (ß, ch, sch)

Silbenarten

Sprechsilben entstehen bei langsamem Aussprechen eines Wortes	**Sprachsilben** gliedern ein Wort
Mehrsilbige deutsche Wörter werden nach Sprechsilben getrennt: er - trag - reich	Stammsilbe: er**trag**reich Vorsilbe: **er**tragreich Nachsilbe: ertrag**reich** Endung: ertragreich**er**

Die 10 Wortarten

Bezeichnungen	Abkürzungen	Beispiele	Merkmale
1. Haupt- oder Nennwort (Substantiv oder Nomen)	H	Rhein, Mensch, Gebirge, Wasser, Fleiß, Bettelei, Teuerung	Endungen veränderlich (z. B. beim Beugen)
2. Geschlechtswort (Artikel)	G	der, die, das, ein, eine, eines	
3. Tätigkeits- oder Zeitwort (Verb)	T	tragen, rufen, sein, haben, werden	
4. Eigenschaftswort (Adjektiv)	E	groß, viel, tot	
5. Fürwort (Pronomen)	F	ich, mein, sich, der, welcher, dieser, jemand, wer	
6. Zahlwort (Numerale)	Z	zwei, der erste (April), dreimal, viererlei, fünffach, zehntens, mehrere	
7. Umstandswort (Adverb)	U	hier, gestern, vergebens, deshalb	Endung unveränderlich (= Formwörter)
8. Verhältniswort (Präposition)	V	auf, zwischen, für, gegen, mit, bei, mittels, trotz	
9. Bindewort (Konjunktion)	B	und, oder, weil, dass, denn, aber, nicht nur – sondern auch	
10. Ausrufe- oder Empfindungswort (Interjektion)	A	au! hu! muh!	

A T G E H B T U V F Z H

Beispiel: „Hallo!", rief der neue Gast und wartete ungeduldig auf seine zweite Bestellung.

A Wählen Sie einen einfachen Text aus diesem Buch (z. B. S. 18 „Der Affe und die Rüben") und bestimmen Sie die Wortarten in einzelnen Sätzen.

Die Nachricht	31	Die Aufgaben

ARMUT

Acht Euro für ein Kind

DHAKA ■ Aus Armut hat eine Mutter in Bangladesch ihr 20 Tage altes Baby für umgerechnet acht Euro verkauft. Die Mutter habe das Geld benötigt, um ihren vier anderen hungrigen Kindern Essen kaufen zu können, hieß es in einer Zeitung. Käufer des Neugeborenen sei ein kinderloses Paar im Westen des Landes gewesen. Bangladesch ist eines der ärmsten Länder der Welt. *dpa*

1 Beantworte jede Frage:
a) Worüber wird in diesem Artikel berichtet?
b) Warum gab die Mutter ihr Kind weg?
c) Wer bekam das Kind?
d) Wie wird das Land Bangladesch beschrieben?

2 Vorsilben verändern die Bedeutung der Verben. In unserem Bericht findest du umrechnen und verkaufen. Suche zu den Grundformen rechnen und kaufen möglichst viele passende Vorsilben und umschreibe die Bedeutungen.

3 Stell dir vor, du wärst der Käufer des Kindes. Welche Gründe fallen dir ein, ein Kind zu kaufen? Würdest du ein gekauftes Kind wieder zurückgeben?

4 Was hältst du davon, dass verschiedene Organisationen Adoptionen aus dem Ausland nach Deutschland vermitteln? Wie stellt sich die Situation für kinderlose Paare dar?

Die Nachricht	32	Die Aufgaben

INDIEN

Kind für 18 Cent

NEU DEHLI ■ Aus Hunger hat eine Mutter im indischen Bundesstaat Orissa einer Zeitung zufolge ihr neugeborenes Mädchen für umgerechnet 18 Cent an einen Ladenbesitzer verkauft. Die 35-jährige Witwe habe das Geld für Lebensmittel für ihre beiden anderen Töchter im Alter von zwei und zehn Jahren gebraucht. Die Behörden vor Ort sprachen von einer „Adoption“. *dpa*

1 Beantworte jede Frage:
a) Was machte die Mutter in ihrer Not?
b) Wofür benötigte sie das Geld?
c) Wer wurde „Besitzer“ des Neugeborenen?
d) Was meinten die Behörden dazu?

2 Erkläre die folgenden Begriffe nach Möglichkeit mit eigenen Worten. Du kannst als Hilfe ein Wörterbuch verwenden.
Hunger – Zeitung – Witwe – Behörden – Adoption

3 Da in Indien Mädchen im Vergleich zu Jungen keinen großen Wert haben, war dieser Schritt für die Mutter vielleicht einfacher. Was meinst du dazu?

4 Informiere dich, wie man in Deutschland Kinder adoptieren kann. Informationen bekommst du z.B. beim Jugendamt oder den Adoptionsvermittlungsstellen der Caritas und Diakonie. Berichte darüber in der Klasse.

2 Das Wort

2.1 Wortarten

L **Die 10 verschiedenen Wortarten kennen**

Das deutsche Alphabet (Abc) besteht aus 26 Buchstaben.
Jeder dieser Buchstaben ist Sinnbild für einen sprachlichen **Laut.**
Eine kurze Folge von Lauten bezeichnen wir als **Silbe.**
Ein **Wort** kann aus einer Silbe oder aus mehreren Silben bestehen.
Man unterscheidet 10 Wortarten.

Lautarten

Selbstlaute (Vokale) werden ohne Hilfe anderer Laute gebildet		**Mitlaute** (Konsonanten) werden mit Hilfe eines Selbstlautes gebildet
a, e, i, o, u au, äu, eu, ei, ai ä, ö, ü	 Doppellaute (Diphthonge) Umlaute	b, c, d, g, j, l, m, n q, r, s, v, w, x, y, z f, h, k, p, t (ß, ch, sch)

Silbenarten

Sprechsilben entstehen bei langsamem Aussprechen eines Wortes	**Sprachsilben** gliedern ein Wort
Mehrsilbige deutsche Wörter werden nach Sprechsilben getrennt: er - trag - reich	Stammsilbe: er**trag**reich Vorsilbe: **er**tragreich Nachsilbe: ertrag**reich** Endung: ertragreich**er**

Die 10 Wortarten

Bezeichnungen	Abkürzungen	Beispiele	Merkmale
1. Haupt- oder Nennwort (Substantiv oder Nomen)	H	Rhein, Mensch, Gebirge, Wasser, Fleiß, Bettelei, Teuerung	Endungen veränderlich (z.B. beim Beugen)
2. Geschlechtswort (Artikel)	G	der, die, das, ein, eine, eines	
3. Tätigkeits- oder Zeitwort (Verb)	T	tragen, rufen, sein, haben, werden	
4. Eigenschaftswort (Adjektiv)	E	groß, viel, tot	
5. Fürwort (Pronomen)	F	ich, mein, sich, der, welcher, dieser, jemand, wer	
6. Zahlwort (Numerale)	Z	zwei, der erste (April), dreimal, viererlei, fünffach, zehntens, mehrere	
7. Umstandswort (Adverb)	U	hier, gestern, vergebens, deshalb	Endung unveränderlich (= Formwörter)
8. Verhältniswort (Präposition)	V	auf, zwischen, für, gegen, mit, bei, mittels, trotz	
9. Bindewort (Konjunktion)	B	und, oder, weil, dass, denn, aber, nicht nur – sondern auch	
10. Ausrufe- oder Empfindungswort (Interjektion)	A	au! hu! muh!	

A T G E H B T U V F Z H

Beispiel: „Hallo!", rief der neue Gast und wartete ungeduldig auf seine zweite Bestellung.

A Wählen Sie einen einfachen Text aus diesem Buch (z. B. S. 18 „Der Affe und die Rüben") und bestimmen Sie die Wortarten in einzelnen Sätzen.

Die Nachricht	31	Die Aufgaben

ARMUT
Acht Euro für ein Kind

DHAKA ■ Aus Armut hat eine Mutter in Bangladesch ihr 20 Tage altes Baby für umgerechnet acht Euro verkauft. Die Mutter habe das Geld benötigt, um ihren vier anderen hungrigen Kindern Essen kaufen zu können, hieß es in einer Zeitung. Käufer des Neugeborenen sei ein kinderloses Paar im Westen des Landes gewesen. Bangladesch ist eines der ärmsten Länder der Welt. *dpa*

1 Beantworte jede Frage:
   a) Worüber wird in diesem Artikel berichtet?
   b) Warum gab die Mutter ihr Kind weg?
   c) Wer bekam das Kind?
   d) Wie wird das Land Bangladesch beschrieben?

2 Vorsilben verändern die Bedeutung der Verben. In unserem Bericht findest du umrechnen und verkaufen. Suche zu den Grundformen rechnen und kaufen möglichst viele passende Vorsilben und umschreibe die Bedeutungen.

3 Stell dir vor, du wärst der Käufer des Kindes. Welche Gründe fallen dir ein, ein Kind zu kaufen? Würdest du ein gekauftes Kind wieder zurückgeben?

4 Was hältst du davon, dass verschiedene Organisationen Adoptionen aus dem Ausland nach Deutschland vermitteln? Wie stellt sich die Situation für kinderlose Paare dar?

Die Nachricht	32	Die Aufgaben

INDIEN
Kind für 18 Cent

NEU DEHLI ■ Aus Hunger hat eine Mutter im indischen Bundesstaat Orissa einer Zeitung zufolge ihr neugeborenes Mädchen für umgerechnet 18 Cent an einen Ladenbesitzer verkauft. Die 35-jährige Witwe habe das Geld für Lebensmittel für ihre beiden anderen Töchter im Alter von zwei und zehn Jahren gebraucht. Die Behörden vor Ort sprachen von einer „Adoption". *dpa*

1 Beantworte jede Frage:
   a) Was machte die Mutter in ihrer Not?
   b) Wofür benötigte sie das Geld?
   c) Wer wurde „Besitzer" des Neugeborenen?
   d) Was meinten die Behörden dazu?

2 Erkläre die folgenden Begriffe nach Möglichkeit mit eigenen Worten. Du kannst als Hilfe ein Wörterbuch verwenden.
Hunger – Zeitung – Witwe – Behörden – Adoption

3 Da in Indien Mädchen im Vergleich zu Jungen keinen großen Wert haben, war dieser Schritt für die Mutter vielleicht einfacher. Was meinst du dazu?

4 Informiere dich, wie man in Deutschland Kinder adoptieren kann. Informationen bekommst du z.B. beim Jugendamt oder den Adoptionsvermittlungsstellen der Caritas und Diakonie. Berichte darüber in der Klasse.

A

2 Das Wort

2.1 Wortarten

L **Die 10 verschiedenen Wortarten kennen**

Das deutsche Alphabet (Abc) besteht aus 26 Buchstaben.
Jeder dieser Buchstaben ist Sinnbild für einen sprachlichen **Laut.**
Eine kurze Folge von Lauten bezeichnen wir als **Silbe.**
Ein **Wort** kann aus einer Silbe oder aus mehreren Silben bestehen.
Man unterscheidet 10 Wortarten.

Lautarten

Selbstlaute (Vokale) werden ohne Hilfe anderer Laute gebildet		**Mitlaute** (Konsonanten) werden mit Hilfe eines Selbstlautes gebildet
a, e, i, o, u au, äu, eu, ei, ai ä, ö, ü	 Doppellaute (Diphthonge) Umlaute	b, c, d, g, j, l, m, n q, r, s, v, w, x, y, z f, h, k, p, t (ß, ch, sch)

Silbenarten

Sprechsilben entstehen bei langsamem Aussprechen eines Wortes	**Sprachsilben** gliedern ein Wort
Mehrsilbige deutsche Wörter werden nach Sprechsilben getrennt: er - trag - reich	Stammsilbe: er**trag**reich Vorsilbe: **er**tragreich Nachsilbe: ertrag**reich** Endung: ertragreich**er**

Die 10 Wortarten

Bezeichnungen	Abkürzungen	Beispiele	Merkmale
1. Haupt- oder Nennwort (Substantiv oder Nomen)	H	Rhein, Mensch, Gebirge, Wasser, Fleiß, Bettelei, Teuerung	Endungen veränderlich (z.B. beim Beugen)
2. Geschlechtswort (Artikel)	G	der, die, das, ein, eine, eines	
3. Tätigkeits- oder Zeitwort (Verb)	T	tragen, rufen, sein, haben, werden	
4. Eigenschaftswort (Adjektiv)	E	groß, viel, tot	
5. Fürwort (Pronomen)	F	ich, mein, sich, der, welcher, dieser, jemand, wer	
6. Zahlwort (Numerale)	Z	zwei, der erste (April), dreimal, viererlei, fünffach, zehntens, mehrere	
7. Umstandswort (Adverb)	U	hier, gestern, vergebens, deshalb	Endung unveränderlich (= Formwörter)
8. Verhältniswort (Präposition)	V	auf, zwischen, für, gegen, mit, bei, mittels, trotz	
9. Bindewort (Konjunktion)	B	und, oder, weil, dass, denn, aber, nicht nur – sondern auch	
10. Ausrufe- oder Empfindungswort (Interjektion)	A	au! hu! muh!	

A T G E H B T U V F Z H

Beispiel: „Hallo!", rief der neue Gast und wartete ungeduldig auf seine zweite Bestellung.

A Wählen Sie einen einfachen Text aus diesem Buch (z. B. S. 18 „Der Affe und die Rüben") und bestimmen Sie die Wortarten in einzelnen Sätzen.

Die Nachricht	31	Die Aufgaben

ARMUT

Acht Euro für ein Kind

DHAKA ■ Aus Armut hat eine Mutter in Bangladesch ihr 20 Tage altes Baby für umgerechnet acht Euro verkauft. Die Mutter habe das Geld benötigt, um ihren vier anderen hungrigen Kindern Essen kaufen zu können, hieß es in einer Zeitung. Käufer des Neugeborenen sei ein kinderloses Paar im Westen des Landes gewesen. Bangladesch ist eines der ärmsten Länder der Welt. *dpa*

1 Beantworte jede Frage:
a) Worüber wird in diesem Artikel berichtet?
b) Warum gab die Mutter ihr Kind weg?
c) Wer bekam das Kind?
d) Wie wird das Land Bangladesch beschrieben?

2 Vorsilben verändern die Bedeutung der Verben. In unserem Bericht findest du umrechnen und verkaufen. Suche zu den Grundformen rechnen und kaufen möglichst viele passende Vorsilben und umschreibe die Bedeutungen.

3 Stell dir vor, du wärst der Käufer des Kindes. Welche Gründe fallen dir ein, ein Kind zu kaufen? Würdest du ein gekauftes Kind wieder zurückgeben?

4 Was hältst du davon, dass verschiedene Organisationen Adoptionen aus dem Ausland nach Deutschland vermitteln? Wie stellt sich die Situation für kinderlose Paare dar?

Die Nachricht	32	Die Aufgaben

INDIEN

Kind für 18 Cent

NEU DEHLI ■ Aus Hunger hat eine Mutter im indischen Bundesstaat Orissa einer Zeitung zufolge ihr neugeborenes Mädchen für umgerechnet 18 Cent an einen Ladenbesitzer verkauft. Die 35-jährige Witwe habe das Geld für Lebensmittel für ihre beiden anderen Töchter im Alter von zwei und zehn Jahren gebraucht. Die Behörden vor Ort sprachen von einer „Adoption". *dpa*

1 Beantworte jede Frage:
a) Was machte die Mutter in ihrer Not?
b) Wofür benötigte sie das Geld?
c) Wer wurde „Besitzer" des Neugeborenen?
d) Was meinten die Behörden dazu?

2 Erkläre die folgenden Begriffe nach Möglichkeit mit eigenen Worten. Du kannst als Hilfe ein Wörterbuch verwenden.
Hunger – Zeitung – Witwe – Behörden – Adoption

3 Da in Indien Mädchen im Vergleich zu Jungen keinen großen Wert haben, war dieser Schritt für die Mutter vielleicht einfacher. Was meinst du dazu?

4 Informiere dich, wie man in Deutschland Kinder adoptieren kann. Informationen bekommst du z.B. beim Jugendamt oder den Adoptionsvermittlungsstellen der Caritas und Diakonie. Berichte darüber in der Klasse.

2 Das Wort

2.1 Wortarten

L **Die 10 verschiedenen Wortarten kennen**

Das deutsche Alphabet (Abc) besteht aus 26 Buchstaben.
Jeder dieser Buchstaben ist Sinnbild für einen sprachlichen **Laut.**
Eine kurze Folge von Lauten bezeichnen wir als **Silbe.**
Ein **Wort** kann aus einer Silbe oder aus mehreren Silben bestehen.
Man unterscheidet 10 Wortarten.

Lautarten

Selbstlaute (Vokale) werden ohne Hilfe anderer Laute gebildet		**Mitlaute** (Konsonanten) werden mit Hilfe eines Selbstlautes gebildet
a, e, i, o, u au, äu, eu, ei, ai ä, ö, ü	 Doppellaute (Diphthonge) Umlaute	b, c, d, g, j, l, m, n q, r, s, v, w, x, y, z f, h, k, p, t (ß, ch, sch)

Silbenarten

Sprechsilben entstehen bei langsamem Aussprechen eines Wortes	**Sprachsilben** gliedern ein Wort	
Mehrsilbige deutsche Wörter werden nach Sprechsilben getrennt: er - trag - reich	Stammsilbe: Vorsilbe: Nachsilbe: Endung:	er**trag**reich **er**tragreich ertrag**reich** ertragreich**er**

Die 10 Wortarten

Bezeichnungen	Abkürzungen	Beispiele	Merkmale
1. Haupt- oder Nennwort (Substantiv oder Nomen)	H	Rhein, Mensch, Gebirge, Wasser, Fleiß, Bettelei, Teuerung	Endungen veränderlich (z.B. beim Beugen)
2. Geschlechtswort (Artikel)	G	der, die, das, ein, eine, eines	
3. Tätigkeits- oder Zeitwort (Verb)	T	tragen, rufen, sein, haben, werden	
4. Eigenschaftswort (Adjektiv)	E	groß, viel, tot	
5. Fürwort (Pronomen)	F	ich, mein, sich, der, welcher, dieser, jemand, wer	
6. Zahlwort (Numerale)	Z	zwei, der erste (April), dreimal, viererlei, fünffach, zehntens, mehrere	
7. Umstandswort (Adverb)	U	hier, gestern, vergebens, deshalb	Endung unveränderlich (= Formwörter)
8. Verhältniswort (Präposition)	V	auf, zwischen, für, gegen, mit, bei, mittels, trotz	
9. Bindewort (Konjunktion)	B	und, oder, weil, dass, denn, aber, nicht nur – sondern auch	
10. Ausrufe- oder Empfindungswort (Interjektion)	A	au! hu! muh!	

A T G E H B T U V F Z H

Beispiel: „Hallo!", rief der neue Gast und wartete ungeduldig auf seine zweite Bestellung.

A Wählen Sie einen einfachen Text aus diesem Buch (z. B. S. 18 „Der Affe und die Rüben") und bestimmen Sie die Wortarten in einzelnen Sätzen.

Die Nachricht	31	Die Aufgaben

ARMUT

Acht Euro für ein Kind

DHAKA ■ Aus Armut hat eine Mutter in Bangladesch ihr 20 Tage altes Baby für umgerechnet acht Euro verkauft. Die Mutter habe das Geld benötigt, um ihren vier anderen hungrigen Kindern Essen kaufen zu können, hieß es in einer Zeitung. Käufer des Neugeborenen sei ein kinderloses Paar im Westen des Landes gewesen. Bangladesch ist eines der ärmsten Länder der Welt. *dpa*

1 Beantworte jede Frage:
a) Worüber wird in diesem Artikel berichtet?
b) Warum gab die Mutter ihr Kind weg?
c) Wer bekam das Kind?
d) Wie wird das Land Bangladesch beschrieben?

2 Vorsilben verändern die Bedeutung der Verben. In unserem Bericht findest du umrechnen und verkaufen. Suche zu den Grundformen rechnen und kaufen möglichst viele passende Vorsilben und umschreibe die Bedeutungen.

3 Stell dir vor, du wärst der Käufer des Kindes. Welche Gründe fallen dir ein, ein Kind zu kaufen? Würdest du ein gekauftes Kind wieder zurückgeben?

4 Was hältst du davon, dass verschiedene Organisationen Adoptionen aus dem Ausland nach Deutschland vermitteln? Wie stellt sich die Situation für kinderlose Paare dar?

Die Nachricht	32	Die Aufgaben

INDIEN

Kind für 18 Cent

NEU DEHLI ■ Aus Hunger hat eine Mutter im indischen Bundesstaat Orissa einer Zeitung zufolge ihr neugeborenes Mädchen für umgerechnet 18 Cent an einen Ladenbesitzer verkauft. Die 35-jährige Witwe habe das Geld für Lebensmittel für ihre beiden anderen Töchter im Alter von zwei und zehn Jahren gebraucht. Die Behörden vor Ort sprachen von einer „Adoption". *dpa*

1 Beantworte jede Frage:
a) Was machte die Mutter in ihrer Not?
b) Wofür benötigte sie das Geld?
c) Wer wurde „Besitzer" des Neugeborenen?
d) Was meinten die Behörden dazu?

2 Erkläre die folgenden Begriffe nach Möglichkeit mit eigenen Worten. Du kannst als Hilfe ein Wörterbuch verwenden.
Hunger – Zeitung – Witwe – Behörden – Adoption

3 Da in Indien Mädchen im Vergleich zu Jungen keinen großen Wert haben, war dieser Schritt für die Mutter vielleicht einfacher. Was meinst du dazu?

4 Informiere dich, wie man in Deutschland Kinder adoptieren kann. Informationen bekommst du z.B. beim Jugendamt oder den Adoptionsvermittlungsstellen der Caritas und Diakonie. Berichte darüber in der Klasse.

2 Das Wort

2.1 Wortarten

L **Die 10 verschiedenen Wortarten kennen**

Das deutsche Alphabet (Abc) besteht aus 26 Buchstaben.
Jeder dieser Buchstaben ist Sinnbild für einen sprachlichen **Laut.**
Eine kurze Folge von Lauten bezeichnen wir als **Silbe.**
Ein **Wort** kann aus einer Silbe oder aus mehreren Silben bestehen.
Man unterscheidet 10 Wortarten.

Lautarten

Selbstlaute (Vokale) werden ohne Hilfe anderer Laute gebildet		**Mitlaute** (Konsonanten) werden mit Hilfe eines Selbstlautes gebildet
a, e, i, o, u au, äu, eu, ei, ai ä, ö, ü	 Doppellaute (Diphthonge) Umlaute	b, c, d, g, j, l, m, n q, r, s, v, w, x, y, z f, h, k, p, t (ß, ch, sch)

Silbenarten

Sprechsilben entstehen bei langsamem Aussprechen eines Wortes	**Sprachsilben** gliedern ein Wort
Mehrsilbige deutsche Wörter werden nach Sprechsilben getrennt: er - trag - reich	Stammsilbe: er**trag**reich Vorsilbe: **er**tragreich Nachsilbe: ertrag**reich** Endung: ertragreich**er**

Die 10 Wortarten

Bezeichnungen	Abkürzungen	Beispiele	Merkmale
1. Haupt- oder Nennwort (Substantiv oder Nomen)	H	Rhein, Mensch, Gebirge, Wasser, Fleiß, Bettelei, Teuerung	Endungen veränderlich (z.B. beim Beugen)
2. Geschlechtswort (Artikel)	G	der, die, das, ein, eine, eines	
3. Tätigkeits- oder Zeitwort (Verb)	T	tragen, rufen, sein, haben, werden	
4. Eigenschaftswort (Adjektiv)	E	groß, viel, tot	
5. Fürwort (Pronomen)	F	ich, mein, sich, der, welcher, dieser, jemand, wer	
6. Zahlwort (Numerale)	Z	zwei, der erste (April), dreimal, viererlei, fünffach, zehntens, mehrere	
7. Umstandswort (Adverb)	U	hier, gestern, vergebens, deshalb	Endung unveränderlich (= Formwörter)
8. Verhältniswort (Präposition)	V	auf, zwischen, für, gegen, mit, bei, mittels, trotz	
9. Bindewort (Konjunktion)	B	und, oder, weil, dass, denn, aber, nicht nur – sondern auch	
10. Ausrufe- oder Empfindungswort (Interjektion)	A	au! hu! muh!	

A T G E H B T U V F Z H

Beispiel: „Hallo!", rief der neue Gast und wartete ungeduldig auf seine zweite Bestellung.

A Wählen Sie einen einfachen Text aus diesem Buch (z. B. S. 18 „Der Affe und die Rüben") und bestimmen Sie die Wortarten in einzelnen Sätzen.

Die Nachricht	31	Die Aufgaben

ARMUT

Acht Euro für ein Kind

DHAKA ■ Aus Armut hat eine Mutter in Bangladesch ihr 20 Tage altes Baby für umgerechnet acht Euro verkauft. Die Mutter habe das Geld benötigt, um ihren vier anderen hungrigen Kindern Essen kaufen zu können, hieß es in einer Zeitung. Käufer des Neugeborenen sei ein kinderloses Paar im Westen des Landes gewesen. Bangladesch ist eines der ärmsten Länder der Welt. *dpa*

1. Beantworte jede Frage:
   a) Worüber wird in diesem Artikel berichtet?
   b) Warum gab die Mutter ihr Kind weg?
   c) Wer bekam das Kind?
   d) Wie wird das Land Bangladesch beschrieben?
2. Vorsilben verändern die Bedeutung der Verben. In unserem Bericht findest du umrechnen und verkaufen. Suche zu den Grundformen rechnen und kaufen möglichst viele passende Vorsilben und umschreibe die Bedeutungen.
3. Stell dir vor, du wärst der Käufer des Kindes. Welche Gründe fallen dir ein, ein Kind zu kaufen? Würdest du ein gekauftes Kind wieder zurückgeben?
4. Was hältst du davon, dass verschiedene Organisationen Adoptionen aus dem Ausland nach Deutschland vermitteln? Wie stellt sich die Situation für kinderlose Paare dar?

Die Nachricht	32	Die Aufgaben

INDIEN

Kind für 18 Cent

NEU DEHLI ■ Aus Hunger hat eine Mutter im indischen Bundesstaat Orissa einer Zeitung zufolge ihr neugeborenes Mädchen für umgerechnet 18 Cent an einen Ladenbesitzer verkauft. Die 35-jährige Witwe habe das Geld für Lebensmittel für ihre beiden anderen Töchter im Alter von zwei und zehn Jahren gebraucht. Die Behörden vor Ort sprachen von einer „Adoption“. *dpa*

1. Beantworte jede Frage:
   a) Was machte die Mutter in ihrer Not?
   b) Wofür benötigte sie das Geld?
   c) Wer wurde „Besitzer“ des Neugeborenen?
   d) Was meinten die Behörden dazu?
2. Erkläre die folgenden Begriffe nach Möglichkeit mit eigenen Worten. Du kannst als Hilfe ein Wörterbuch verwenden.
   Hunger – Zeitung – Witwe – Behörden – Adoption
3. Da in Indien Mädchen im Vergleich zu Jungen keinen großen Wert haben, war dieser Schritt für die Mutter vielleicht einfacher. Was meinst du dazu?
4. Informiere dich, wie man in Deutschland Kinder adoptieren kann. Informationen bekommst du z.B. beim Jugendamt oder den Adoptionsvermittlungsstellen der Caritas und Diakonie. Berichte darüber in der Klasse.

2 Das Wort

2.1 Wortarten

L ***Die 10 verschiedenen Wortarten kennen***

Das deutsche Alphabet (Abc) besteht aus 26 Buchstaben.
Jeder dieser Buchstaben ist Sinnbild für einen sprachlichen **Laut.**
Eine kurze Folge von Lauten bezeichnen wir als **Silbe.**
Ein **Wort** kann aus einer Silbe oder aus mehreren Silben bestehen.
Man unterscheidet 10 Wortarten.

Lautarten

Selbstlaute (Vokale) werden ohne Hilfe anderer Laute gebildet		**Mitlaute** (Konsonanten) werden mit Hilfe eines Selbstlautes gebildet
a, e, i, o, u au, äu, eu, ei, ai ä, ö, ü	 Doppellaute (Diphthonge) Umlaute	b, c, d, g, j, l, m, n q, r, s, v, w, x, y, z f, h, k, p, t (ß, ch, sch)

Silbenarten

Sprechsilben entstehen bei langsamem Aussprechen eines Wortes	**Sprachsilben** gliedern ein Wort
Mehrsilbige deutsche Wörter werden nach Sprechsilben getrennt: er - trag - reich	Stammsilbe: er**trag**reich Vorsilbe: **er**tragreich Nachsilbe: ertrag**reich** Endung: ertragreich**er**

Die 10 Wortarten

Bezeichnungen	Abkürzungen	Beispiele	Merkmale
1. Haupt- oder Nennwort (Substantiv oder Nomen)	H	Rhein, Mensch, Gebirge, Wasser, Fleiß, Bettelei, Teuerung	Endungen veränderlich (z.B. beim Beugen)
2. Geschlechtswort (Artikel)	G	der, die, das, ein, eine, eines	
3. Tätigkeits- oder Zeitwort (Verb)	T	tragen, rufen, sein, haben, werden	
4. Eigenschaftswort (Adjektiv)	E	groß, viel, tot	
5. Fürwort (Pronomen)	F	ich, mein, sich, der, welcher, dieser, jemand, wer	
6. Zahlwort (Numerale)	Z	zwei, der erste (April), dreimal, viererlei, fünffach, zehntens, mehrere	
7. Umstandswort (Adverb)	U	hier, gestern, vergebens, deshalb	Endung unveränderlich (= Formwörter)
8. Verhältniswort (Präposition)	V	auf, zwischen, für, gegen, mit, bei, mittels, trotz	
9. Bindewort (Konjunktion)	B	und, oder, weil, dass, denn, aber, nicht nur – sondern auch	
10. Ausrufe- oder Empfindungswort (Interjektion)	A	au! hu! muh!	

A T G E H B T U V F Z H

Beispiel: „Hallo!", rief der neue Gast und wartete ungeduldig auf seine zweite Bestellung.

A Wählen Sie einen einfachen Text aus diesem Buch (z. B. S. 18 „Der Affe und die Rüben") und bestimmen Sie die Wortarten in einzelnen Sätzen.

Die Nachricht	31	Die Aufgaben

ARMUT

Acht Euro für ein Kind

DHAKA ■ Aus Armut hat eine Mutter in Bangladesch ihr 20 Tage altes Baby für umgerechnet acht Euro verkauft. Die Mutter habe das Geld benötigt, um ihren vier anderen hungrigen Kindern Essen kaufen zu können, hieß es in einer Zeitung. Käufer des Neugeborenen sei ein kinderloses Paar im Westen des Landes gewesen. Bangladesch ist eines der ärmsten Länder der Welt. *dpa*

1. Beantworte jede Frage:
   a) Worüber wird in diesem Artikel berichtet?
   b) Warum gab die Mutter ihr Kind weg?
   c) Wer bekam das Kind?
   d) Wie wird das Land Bangladesch beschrieben?
2. Vorsilben verändern die Bedeutung der Verben. In unserem Bericht findest du umrechnen und verkaufen. Suche zu den Grundformen rechnen und kaufen möglichst viele passende Vorsilben und umschreibe die Bedeutungen.
3. Stell dir vor, du wärst der Käufer des Kindes. Welche Gründe fallen dir ein, ein Kind zu kaufen? Würdest du ein gekauftes Kind wieder zurückgeben?
4. Was hältst du davon, dass verschiedene Organisationen Adoptionen aus dem Ausland nach Deutschland vermitteln? Wie stellt sich die Situation für kinderlose Paare dar?

Die Nachricht	32	Die Aufgaben

INDIEN

Kind für 18 Cent

NEU DEHLI ■ Aus Hunger hat eine Mutter im indischen Bundesstaat Orissa einer Zeitung zufolge ihr neugeborenes Mädchen für umgerechnet 18 Cent an einen Ladenbesitzer verkauft. Die 35-jährige Witwe habe das Geld für Lebensmittel für ihre beiden anderen Töchter im Alter von zwei und zehn Jahren gebraucht. Die Behörden vor Ort sprachen von einer „Adoption“. *dpa*

1. Beantworte jede Frage:
   a) Was machte die Mutter in ihrer Not?
   b) Wofür benötigte sie das Geld?
   c) Wer wurde „Besitzer“ des Neugeborenen?
   d) Was meinten die Behörden dazu?
2. Erkläre die folgenden Begriffe nach Möglichkeit mit eigenen Worten. Du kannst als Hilfe ein Wörterbuch verwenden.
   Hunger – Zeitung – Witwe – Behörden – Adoption
3. Da in Indien Mädchen im Vergleich zu Jungen keinen großen Wert haben, war dieser Schritt für die Mutter vielleicht einfacher. Was meinst du dazu?
4. Informiere dich, wie man in Deutschland Kinder adoptieren kann. Informationen bekommst du z.B. beim Jugendamt oder den Adoptionsvermittlungsstellen der Caritas und Diakonie. Berichte darüber in der Klasse.

2 Das Wort

2.1 Wortarten

L **Die 10 verschiedenen Wortarten kennen**

Das deutsche Alphabet (Abc) besteht aus 26 Buchstaben.
Jeder dieser Buchstaben ist Sinnbild für einen sprachlichen **Laut.**
Eine kurze Folge von Lauten bezeichnen wir als **Silbe.**
Ein **Wort** kann aus einer Silbe oder aus mehreren Silben bestehen.
Man unterscheidet 10 Wortarten.

Lautarten

Selbstlaute (Vokale) werden ohne Hilfe anderer Laute gebildet		**Mitlaute** (Konsonanten) werden mit Hilfe eines Selbstlautes gebildet
a, e, i, o, u au, äu, eu, ei, ai ä, ö, ü	 Doppellaute (Diphthonge) Umlaute	b, c, d, g, j, l, m, n q, r, s, v, w, x, y, z f, h, k, p, t (ß, ch, sch)

Silbenarten

Sprechsilben entstehen bei langsamem Aussprechen eines Wortes	**Sprachsilben** gliedern ein Wort
Mehrsilbige deutsche Wörter werden nach Sprechsilben getrennt: er - trag - reich	Stammsilbe: er**trag**reich Vorsilbe: **er**tragreich Nachsilbe: ertrag**reich** Endung: ertragreich**er**

Die 10 Wortarten

Bezeichnungen	Abkürzungen	Beispiele	Merkmale
1. Haupt- oder Nennwort (Substantiv oder Nomen)	H	Rhein, Mensch, Gebirge, Wasser, Fleiß, Bettelei, Teuerung	Endungen veränderlich (z.B. beim Beugen)
2. Geschlechtswort (Artikel)	G	der, die, das, ein, eine, eines	
3. Tätigkeits- oder Zeitwort (Verb)	T	tragen, rufen, sein, haben, werden	
4. Eigenschaftswort (Adjektiv)	E	groß, viel, tot	
5. Fürwort (Pronomen)	F	ich, mein, sich, der, welcher, dieser, jemand, wer	
6. Zahlwort (Numerale)	Z	zwei, der erste (April), dreimal, viererlei, fünffach, zehntens, mehrere	
7. Umstandswort (Adverb)	U	hier, gestern, vergebens, deshalb	Endung unveränderlich (= Formwörter)
8. Verhältniswort (Präposition)	V	auf, zwischen, für, gegen, mit, bei, mittels, trotz	
9. Bindewort (Konjunktion)	B	und, oder, weil, dass, denn, aber, nicht nur – sondern auch	
10. Ausrufe- oder Empfindungswort (Interjektion)	A	au! hu! muh!	

A T G E H B T U V F Z H

Beispiel: „Hallo!", rief der neue Gast und wartete ungeduldig auf seine zweite Bestellung.

A Wählen Sie einen einfachen Text aus diesem Buch (z. B. S. 18 „Der Affe und die Rüben") und bestimmen Sie die Wortarten in einzelnen Sätzen.

Die Nachricht	31	Die Aufgaben

ARMUT

Acht Euro für ein Kind

DHAKA ■ Aus Armut hat eine Mutter in Bangladesch ihr 20 Tage altes Baby für umgerechnet acht Euro verkauft. Die Mutter habe das Geld benötigt, um ihren vier anderen hungrigen Kindern Essen kaufen zu können, hieß es in einer Zeitung. Käufer des Neugeborenen sei ein kinderloses Paar im Westen des Landes gewesen. Bangladesch ist eines der ärmsten Länder der Welt. *dpa*

1. Beantworte jede Frage:
   a) Worüber wird in diesem Artikel berichtet?
   b) Warum gab die Mutter ihr Kind weg?
   c) Wer bekam das Kind?
   d) Wie wird das Land Bangladesch beschrieben?
2. Vorsilben verändern die Bedeutung der Verben. In unserem Bericht findest du umrechnen und verkaufen. Suche zu den Grundformen rechnen und kaufen möglichst viele passende Vorsilben und umschreibe die Bedeutungen.
3. Stell dir vor, du wärst der Käufer des Kindes. Welche Gründe fallen dir ein, ein Kind zu kaufen? Würdest du ein gekauftes Kind wieder zurückgeben?
4. Was hältst du davon, dass verschiedene Organisationen Adoptionen aus dem Ausland nach Deutschland vermitteln? Wie stellt sich die Situation für kinderlose Paare dar?

Die Nachricht	32	Die Aufgaben

INDIEN

Kind für 18 Cent

NEU DEHLI ■ Aus Hunger hat eine Mutter im indischen Bundesstaat Orissa einer Zeitung zufolge ihr neugeborenes Mädchen für umgerechnet 18 Cent an einen Ladenbesitzer verkauft. Die 35-jährige Witwe habe das Geld für Lebensmittel für ihre beiden anderen Töchter im Alter von zwei und zehn Jahren gebraucht. Die Behörden vor Ort sprachen von einer „Adoption“. *dpa*

1. Beantworte jede Frage:
   a) Was machte die Mutter in ihrer Not?
   b) Wofür benötigte sie das Geld?
   c) Wer wurde „Besitzer“ des Neugeborenen?
   d) Was meinten die Behörden dazu?
2. Erkläre die folgenden Begriffe nach Möglichkeit mit eigenen Worten. Du kannst als Hilfe ein Wörterbuch verwenden.
   Hunger – Zeitung – Witwe – Behörden – Adoption
3. Da in Indien Mädchen im Vergleich zu Jungen keinen großen Wert haben, war dieser Schritt für die Mutter vielleicht einfacher. Was meinst du dazu?
4. Informiere dich, wie man in Deutschland Kinder adoptieren kann. Informationen bekommst du z.B. beim Jugendamt oder den Adoptionsvermittlungsstellen der Caritas und Diakonie. Berichte darüber in der Klasse.

2 Das Wort

2.1 Wortarten

L **Die 10 verschiedenen Wortarten kennen**

Das deutsche Alphabet (Abc) besteht aus 26 Buchstaben.
Jeder dieser Buchstaben ist Sinnbild für einen sprachlichen **Laut.**
Eine kurze Folge von Lauten bezeichnen wir als **Silbe.**
Ein **Wort** kann aus einer Silbe oder aus mehreren Silben bestehen.
Man unterscheidet 10 Wortarten.

Lautarten

Selbstlaute (Vokale) werden ohne Hilfe anderer Laute gebildet	**Mitlaute** (Konsonanten) werden mit Hilfe eines Selbstlautes gebildet
a, e, i, o, u au, äu, eu, ei, ai — Doppellaute (Diphthonge) ä, ö, ü — Umlaute	b, c, d, g, j, l, m, n q, r, s, v, w, x, y, z f, h, k, p, t (ß, ch, sch)

Silbenarten

Sprechsilben entstehen bei langsamem Aussprechen eines Wortes	**Sprachsilben** gliedern ein Wort
Mehrsilbige deutsche Wörter werden nach Sprechsilben getrennt: er - trag - reich	Stammsilbe: er**trag**reich Vorsilbe: **er**tragreich Nachsilbe: ertrag**reich** Endung: ertragreich**er**

Die 10 Wortarten

Bezeichnungen	Abkürzungen	Beispiele	Merkmale
1. Haupt- oder Nennwort (Substantiv oder Nomen)	H	Rhein, Mensch, Gebirge, Wasser, Fleiß, Bettelei, Teuerung	Endungen veränderlich (z.B. beim Beugen)
2. Geschlechtswort (Artikel)	G	der, die, das, ein, eine, eines	
3. Tätigkeits- oder Zeitwort (Verb)	T	tragen, rufen, sein, haben, werden	
4. Eigenschaftswort (Adjektiv)	E	groß, viel, tot	
5. Fürwort (Pronomen)	F	ich, mein, sich, der, welcher, dieser, jemand, wer	
6. Zahlwort (Numerale)	Z	zwei, der erste (April), dreimal, viererlei, fünffach, zehntens, mehrere	
7. Umstandswort (Adverb)	U	hier, gestern, vergebens, deshalb	Endung unveränderlich (= Formwörter)
8. Verhältniswort (Präposition)	V	auf, zwischen, für, gegen, mit, bei, mittels, trotz	
9. Bindewort (Konjunktion)	B	und, oder, weil, dass, denn, aber, nicht nur – sondern auch	
10. Ausrufe- oder Empfindungswort (Interjektion)	A	au! hu! muh!	

A T G E H B T U V F Z H

Beispiel: „Hallo!", rief der neue Gast und wartete ungeduldig auf seine zweite Bestellung.

A Wählen Sie einen einfachen Text aus diesem Buch (z. B. S. 18 „Der Affe und die Rüben") und bestimmen Sie die Wortarten in einzelnen Sätzen.

Die Nachricht	33	Die Aufgaben

WAFFEN

Tödliches Versehen

HOUSTON ■ Ein Mann hat in Houston (Texas) seine fünfjährige Stieftochter erschossen, weil er sie für einen Einbrecher hielt. Der Texaner hatte Geräusche im Haus gehört und zum Revolver gegriffen. Als das Mädchen die Tür zu seinem Schlafzimmer öffnete, schoss er ihr in die Brust. In Amerika sind 220 Millionen Waffen in Privatbesitz und solche Unfälle keine Seltenheit. *dpa*

1. Beantworte jede Frage:
   a) Wo geschah das beschriebene Unglück?
   b) Warum erschoss der Mann das Kind?
   c) In welchem Verhältnis stand der Mann zu dem Kind?
   d) Weshalb griff er zum Revolver?
   e) Wie viele Waffen sind in den USA in Privatbesitz?

2. In dem Bericht wird erwähnt, dass solche Unfälle keine Seltenheit sind. Überlege dir, warum diese Unfälle überhaupt passieren können. Schreibe dir dazu einige Punkte auf.

3. In Deutschland ist der Besitz von Schusswaffen, im Gegensatz zu den USA, sehr streng geregelt. Notiere dir möglichst viele Argumente „für oder gegen" (pro oder contra) den Privatbesitz von Waffen.

4. Diskutiert in der Klasse über den Besitz von Schusswaffen für Privatpersonen. Fasst danach eure Ergebnisse zusammen.

Die Nachricht	34	Die Aufgaben

UMFRAGE

Anstand hoch im Kurs

MÜNCHEN ■ Die alten Werte von Anstand und Tugend stehen bei den Deutschen derzeit hoch im Kurs. Bei einer repräsentativen Umfrage des Emnid-Instituts gaben 78 Prozent der Befragten an, dass sie Hilfsbereitschaft, Rücksicht, Ehrlichkeit, Respekt und Toleranz für die wichtigsten Eigenschaften im Leben halten. Befragt wurden Menschen im Alter von 20 bis 49 Jahren. *dpa*

1. Beantworte jede Frage:
   a) Wer führte eine Umfrage durch?
   b) Worum ging es bei der Umfrage?
   c) Wer wurde befragt?
   d) Welche „alten Werte" stehen derzeit hoch im Kurs?
2. Erkläre die folgenden Begriffe. Du kannst als Hilfe ein Wörterbuch verwenden.
   Anstand – Tugend – Hilfsbereitschaft – Rücksicht – Ehrlichkeit – Respekt – Toleranz – repräsentativ
3. Finde zu den folgenden Nomen (Namenwörtern) ein passendes Adjektiv (Wiewort). Steigere anschließend jedes Adjektiv, soweit dies möglich ist.
   Anstand – Werte – Tugend – Prozent – Hilfsbereitschaft – Rücksicht – Ehrlichkeit – Respekt – Toleranz – Leben – Alter
4. Welche Eigenschaften im Umgang mit anderen Menschen sind für dich wichtig? Begründe nach Möglichkeit, warum das für dich von Bedeutung ist.

Die Nachricht	35	Die Aufgaben

ORGANVERSAGEN

Tödliches Schnüffeln

RODING ■ Nach einem Schnüffelexperiment mit einer Spraydose ist in der Oberpfalz ein 16-Jähriger gestorben. Der Junge hatte zusammen mit Bekannten in Roding (Landkreis Cham) das Gas einer Spraydose inhaliert und war kurze Zeit später zusammengebrochen. Er starb an Organversagen. Zwei andere Jugendliche wurden in einem Krankenhaus behandelt. *dpa*

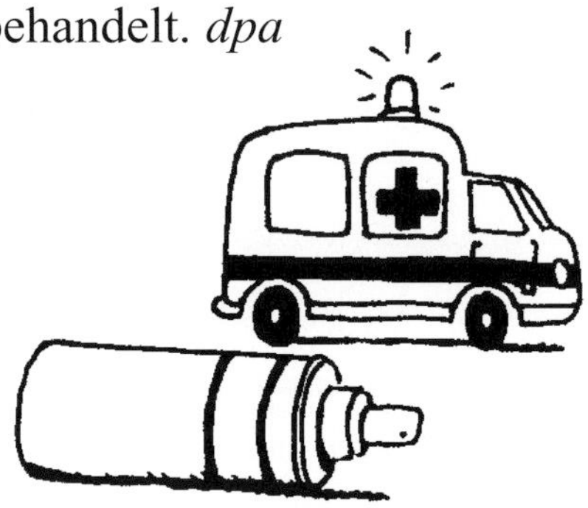

1 Beantworte jede Frage:
   a) Was machte der 16-Jährige zusammen mit Bekannten?
   b) Welche Folgen hatte das Experiment für ihn?
   c) Wie erging es zwei weiteren Jugendlichen?
   d) Wo ereignete sich dieser Vorfall?

2 Erkläre die folgenden Begriffe mit anderen Worten.
   Organversagen – Schnüffeln – Experiment – Spraydose – inhalieren – Jugendliche

3 Das Schnüffeln von Klebstoffen und Sprays ist lebensgefährlich und kann schwere, nicht wieder gut zu machende Schäden verursachen. Sprecht im Unterricht darüber, warum Jugendliche trotzdem dieses Risiko eingehen.

4 Das Schnüffeln ist nur ein Bereich des Drogenkonsums. – Welche Drogen gibt es noch? Welche Argumente fallen dir gegen Drogenmissbrauch ein? Schreibe sie auf und trage sie dann vor.

Die Nachricht	36	Die Aufgaben

JUGENDLICHER

Zu Tode geschnüffelt

HALLE ■ Ein 15-Jähriger ist in Halle (Sachsen-Anhalt) nach dem „Schnüffeln" von Feuerzeugbenzin gestorben. Obwohl der Jugendliche an Asthma litt, hatte er die gefährliche Chemikalie inhaliert. Wiederbelebungsversuche des Notarztes blieben erfolglos. Der Junge hatte das gefährliche Spiel zusammen mit weiteren Jugendlichen in einer Grünanlage ausprobiert. *dpa*

1 Beantworte jede Frage:
   a) Über wen wird hier berichtet?
   b) Woran ist der Jugendliche gestorben?
   c) An welcher Krankheit litt der Junge?
   d) Wo und mit wem hatte der Junge das „gefährliche Spiel" ausprobiert?

2 Plant ein Rollenspiel zu dem Thema: Jemand will unbedingt aus Neugier das Schnüffeln von Chemikalien (z.B. Klebstoff) ausprobieren und andere dazu anstiften. Wie könnte diese Geschichte weitergehen?

3 Zerlege die beiden Wörter in möglichst viele Einzelwörter. Buchstaben dürfen dabei nicht vertauscht werden.
   Feuerzeugbenzin – Wiederbelebungsversuche

4 Was weißt du über das „Schnüffeln"? Erkläre es in wenigen Sätzen.

5 Überlege dir, warum die Jugendlichen das „Schnüffeln" ausprobierten. Schreibe dir dazu ein paar Punkte auf.

Die Nachricht	37	Die Aufgaben

HANDWERK

Für Praktikum in den Schulen

HAMBURG ■ Das Handwerk verlangt einjährige Betriebspraktika für Schüler. So würden sie besser auf den Beruf vorbereitet, sagte der Präsident des Zentralverbands des Deutschen Handwerks, Otto Kentzler: „Das Fach Berufsalltag muss in den Lehrplan aufgenommen werden.“ Es sei eine Schande, dass jedes Jahr 200.000 junge Leute die Schule verließen, ohne richtig rechnen und schreiben zu können. Schüler der 8. oder 9. Klassen sollten künftig an einem Tag pro Woche die Praxis im Betrieb kennen lernen. *dpa*

1 Beantworte jede Frage:
a) Wer verlangt einjährige Betriebspraktika für wen?
b) Wozu sollen diese Praktika dienen?
c) Was können viele junge Leute angeblich nicht, wenn sie die Schule verlassen?
d) Wer soll künftig die Praxis im Betrieb kennen lernen?

2 Finde alle Verben (Tuworte) aus dem Text heraus und konjugiere sie in der Gegenwart durch.

3 Vielleicht hast du schon ein Praktikum in einem Betrieb gemacht. Berichte, auf welche Eigenschaften der Betrieb großen Wert legte.

4 Welche Vorteile oder auch Nachteile siehst du darin, wenn Schüler einen Tag in der Woche in einem Betrieb verbringen? Schreibe dazu Stichworte auf.

Die Nachricht	38	Die Aufgaben

67-JÄHRIGE

Älteste Mutter

BUKAREST ■ Eine 67-jährige Rumänin hat gestern in Bukarest ein Mädchen zur Welt gebracht und ist damit als weltweit älteste Frau Mutter geworden. Adriana Iliescus Tochter wiegt 1,4 Kilogramm. Mutter und Kind sind gesund. Die Frau war durch eine künstliche Befruchtung schwanger geworden. Sie hatte Zwillinge erwartet. Der zweite Fötus hat sich nicht zu Ende entwickelt. *dpa*

1 Beantworte jede Frage:
a) Wie alt ist die Frau, die erst kürzlich Mutter wurde?
b) Wo fand die Geburt statt?
c) Was wird über das Baby berichtet?
d) Wie ist die Frau trotz ihres hohen Alters noch einmal schwanger geworden?

2 Was erwartete sie ursprünglich?

3 Wie schwer ist ein Baby normalerweise bei der Geburt? Informiere dich.

4 Diktiere einem Klassenkameraden oder einer Klassenkameradin diesen Kurzbericht.

5 Diskutiert in der Klasse darüber, ob es sinnvoll ist, mit 67 noch Mutter zu werden. – Überlegt euch Argumente dafür und dagegen (pro und contra) und schreibt diese auf, bevor ihr mit der Diskussion beginnt.

Die Nachricht	39	Die Aufgaben

BANKOMAT

Zu ungeduldig

BONN ■ Eine Bankkundin muss ihre Ungeduld an einem Bonner Geldautomaten teuer bezahlen. Als das Gerät die angeforderten 1.000 Euro nicht sofort ausspuckte, ging die 58-Jährige in den Schalterraum, um nachzufragen. Dort erfuhr sie, dass das Gerät zeitverzögert arbeitet. Als die Kundin zum Automaten zurückkehrte, waren die Scheine bereits weg. *dpa*

1 Beantworte jede Frage:
a) Was wollte eine Bankkundin in Bonn machen?
b) Warum ging sie in den Schalterraum, anstatt am Geldautomaten stehen zu bleiben?
c) Welche Information erhielt sie von den Mitarbeitern?
d) Was war geschehen, als sie an den Geldautomaten zurückkehrte?

2 In dem Text gibt es drei zusammengesetzte Nomen. Zerlege sie jeweils in einzelne Wörter und versuche, für jedes wiederum möglichst viele neue zusammengesetzte Nomen zu finden.
Bankkundin – Geldautomaten – Schalterraum

3 Stell dir vor, dir wäre so etwas passiert. Schreibe einen Beschwerdebrief an die Bank und begründe ausführlich, warum dir die Bank das Geld ersetzen sollte.

Die Nachricht	40	Die Aufgaben

ALPEN

Vier Lawinentote

CHAMBERY ■ Lawinenabgänge haben in den französischen Alpen vier Menschenleben gefordert. Zwei Skifahrer, die bei den Wintersportorten Val Thorens und Les Arcs in Savoyen außerhalb der Pisten fuhren, starben.
In Plagne wurde eine Skifahrerin tot geborgen. Ein weiterer Skifahrer, der in den Schneemassen begraben wurde, erlag später seinen schweren Verletzungen. *dpa*

1 Beantworte jede Frage:
a) Über welches Gebiet der Alpen wird berichtet?
b) Was war vermutlich der Grund für die Lawinenabgänge in Val Thorens und Les Arcs?
c) Wie endete der Lawinenabgang in Plagne?

2 Bestimme in allen Sätzen den Satzgegenstand. Hilfe: Man fragt „Wer? oder was?“

3 Leider passiert es immer wieder, dass Skiläufer und Snowboarder außerhalb der Pisten fahren. Überlege dir Gründe, warum sich diese Wintersportler in Gefahr begeben.

4 Welche Maßnahmen oder Strafen hältst du für angemessen, wenn jemand außerhalb der offiziellen Pisten fährt? Versuche, jede Maßnahme/Strafe gut zu begründen.

Die Nachricht	41	Die Aufgaben

BRANDSTIFTUNG

Zwei Tote

LÜTTICH ■ Ein fünfjähriges Kind hat nach eigenen Angaben im belgischen Lüttich ein Feuer gelegt, bei dem zwei Mädchen ums Leben kamen. Als Grund für die Brandstiftung sagte es der Polizei, es habe eines der sechs und sieben Jahre alten Mädchen nicht gemocht. Vier Kinder und eine Frau überlebten das Feuer, das in ihrem Haus in Lüttich ausgebrochen war. *dpa*

1. Beantworte jede Frage:
   a) Wer legte ein Feuer?
   b) Welches Unglück ist dabei passiert?
   c) Gab es Überlebende?
   d) Was war der Grund für die Brandstiftung?
   e) In welchem Land und welcher Stadt geschah dieses Unglück?
2. Beschreibe folgende Personen/Dinge in drei bis vier Sätzen:
   Feuer – Mädchen – Kinder – Haus – Brandstiftung
3. Führt in eurer Klasse eine Diskussion darüber, ob man das fünfjährige Kind für seine Tat bestrafen sollte.
4. Ab wann sind bei uns Kinder strafmündig? Ist das in anderen Ländern auch so? Wie wird es dort gehandhabt?

Die Nachricht	42	Die Aufgaben

AUTOUNFALL

SMS und Alkohol

FRIEDELSHEIM ■ Beim Schreiben einer Handy-Kurznachricht (SMS) am Steuer ihres Autos hat sich eine 26-Jährige bei Friedelsheim im Kreis Bad Dürkheim (Rheinland-Pfalz) mit ihrem Wagen überschlagen. Dabei wurde die Frau, die einen Blutalkoholwert von 1,49 Promille hatte, nach Polizeiangaben leicht verletzt. Die Frau konnte sich selbst befreien. *dpa*

1. Beantworte jede Frage:
   a) Warum überschlug sich die junge Frau mit ihrem Auto?
   b) Was stellte die Polizei am Unfallort bei der Frau fest?
   c) Warum konnte sich die Frau selbst befreien?
2. Erkläre die folgenden Begriffe:
   Handy – SMS – Steuer – Blutalkoholwert – Promille
3. Das Telefonieren mit dem Handy während des Autofahrens ist nicht erlaubt. Warum hat der Gesetzgeber das verboten?
4. Darf man beim Fahrradfahren mit dem Handy telefonieren? Erkundige dich.
5. Welche Strafe hat die Fahrerin zu erwarten?

Die Nachricht | 43 | Die Aufgaben

STREIT

17-Jähriger sticht zu

BAD BRÜCKENAU ■ Bei einem Streit hat in Bad Brückenau (Bayern) ein 17-Jähriger seinen ein Jahr älteren Widersacher mit einem Messer lebensgefährlich verletzt. Das Opfer konnte durch eine Notoperation gerettet werden. Bei seiner Festnahme fügte der offensichtlich betrunkene Mann mit der Tatwaffe noch einem Polizisten eine tiefe Schnittwunde am Knie zu. *dpa*

1. Formuliere vier Fragen zu diesem Bericht. Dein Tischnachbar soll diese sinnvoll beantworten.

2. Überlege dir, welche Aussagen stimmen.
   - ☐ Der Täter hat sich mit einem Messer verletzt.
   - ☐ Das Opfer war offensichtlich betrunken.
   - ☐ Die Tat geschah bei einem Streit.
   - ☐ Die Tatwaffe war ein Messer.
   - ☐ Der Täter wehrte sich bei seiner Festnahme.
   - ☐ Der Täter verletzte jemanden am Knie.
   - ☐ Das Opfer war 18 Jahre alt.

3. Streitereien unter Jugendlichen sind keine Seltenheit. Vielleicht kannst du aus eigener Erfahrung berichten, was du bei ähnlichen Streitereien erlebt hast.

4. Wie gehst du mit Gewalt um? Diskutiert!

Die Nachricht | 44 | Die Aufgaben

JUGENDLICHER

Voll auf dem Radl

MANCHING ■ Mit 2,38 Promille Alkohol im Blut ist bei Manching ein 15-Jähriger vom Fahrrad gekippt. Nach Angaben der Polizei überstand der jugendliche Zecher den Sturz ohne ernsthafte Verletzungen, musste aber zur Ausnüchterung im Krankenhaus bleiben. Er gab an, eine Flasche Schnaps getrunken zu haben, die er in einem Supermarkt gekauft habe. *dpa*

1. Beantworte jede Frage:
   a) Wie alt ist der Jugendliche?
   b) Was passierte dem Jungen?
   c) Wohin wurde der Junge gebracht?
   d) Warum musste er dortbleiben?
   e) Woher hatte er den Alkohol?
2. Finde zu den folgenden Wörtern möglichst viele zusammengesetzte Nomen (Namenwörter).
   Alkohol – Blut – Fahrrad – Polizei – Sturz – Krankenhaus – Flasche – Schnaps
3. Im Vollrausch Fahrrad fahren: Was hätte alles passieren können?
4. Leider gibt es unter Jugendlichen derzeit den Trend, in der Gruppe möglichst viel Alkohol zu trinken – das so genannte „Komasaufen". Überlege dir Gründe, warum sie übermäßig viel Alkohol trinken.
5. Informiere dich über das Jugendschutzgesetz. Was dürfen Jugendliche welchen Alters in der Öffentlichkeit tun?
6. Wie gehst du selber mit Alkohol um?

Die Nachricht	47	Die Aufgaben

KINDER
Lachen als Therapie

MÜNCHEN ■ Mit zunehmendem Alter vergeht den Menschen das Lachen. Kinder lachen noch bis zu 400-mal am Tag, wie Lachforscher herausgefunden haben. Erwachsene lachen dagegen im Schnitt nur noch 15-mal am Tag. Kinderkliniken setzen Lachen auch als Unterstützung der Therapie ein. Sogar bei schmerzhaften Eingriffen sind manchmal Clowns dabei. *dpa*

1 Beantworte jede Frage:
a) Wann vergeht den Menschen das Lachen?
b) Wie oft lachen Kinder am Tag?
c) Wie oft lachen Erwachsene am Tag?
d) Was führten manche Kinderkliniken ein?

2 Lies die folgenden Behauptungen genau durch und kreuze an, welche von diesen richtig sind.
- ☐ Lachen wird in Kinderkliniken als Therapie eingesetzt.
- ☐ Clowns führen schmerzhafte Eingriffe durch.
- ☐ Kinder lachen häufiger als Erwachsene.
- ☐ Erwachsene lachen mindestens 15-mal am Tag.
- ☐ Mit zunehmendem Alter nimmt das Lachen ab.
- ☐ Lachforscher verglichen das Lachen von Personen.

3 Wann hast du das letzte Mal richtig gelacht? Überlege dir, bei welchen Anlässen du zu lachen anfängst.

Die Nachricht	48	Die Aufgaben

PIERCINGS
Gefahr im Schulsport

MÜNCHEN ■ Wegen der hohen Verletzungsgefahr hat der bayerische Gemeindeunfallversicherungsverband Schüler vor dem Tragen von Piercings im Sportunterricht gewarnt. An den Ringen und Ketten könnten die Jugendlichen leicht hängen bleiben und sich schwer verletzen. Schüler sollten den Körperschmuck während des Sports abnehmen oder überkleben. *dpa*

1 Beantworte jede Frage.
a) Wovor hat der Versicherungsverband gewarnt?
b) Welche Gefahren drohen im Sportunterricht, wenn man Schmuck trägt?
c) Was sollten die Schüler nach Meinung des Versicherungsverbandes machen?

2 Trenne alle Nomen (Namenwörter) in möglichst viele Silben.

3 Welche Wörter sind in dem Begriff **Gemeindeunfallversicherungsverband** versteckt? Es dürfen keine Buchstaben vertauscht oder hinzugefügt werden.
Beispiel:
Haustierhaltung = Haustier, Haus, Tier, Tierhaltung, Haltung, Halt, aus, er, alt

4 Bist du für oder gegen Piercing? Schreibe deine Gründe auf. Sprecht anschließend darüber in der Klasse.

Die Nachricht	49	Die Aufgaben

GERICHT

Spucken mit Folgen

OKLAHOMA-STADT ■ Ein Amerikaner ist im US-Staat Oklahoma zu lebenslanger Haft verurteilt worden, weil er einen Polizisten angespuckt hatte. Dem zuvor wegen häuslicher Gewalt festgenommenen Mann drohte ein Jahr Haft. Da Spucke aber tödliche Krankheiten übertragen könnte, verhängte die Richterin die Höchststrafe. Der Mann will Berufung einlegen. *dpa*

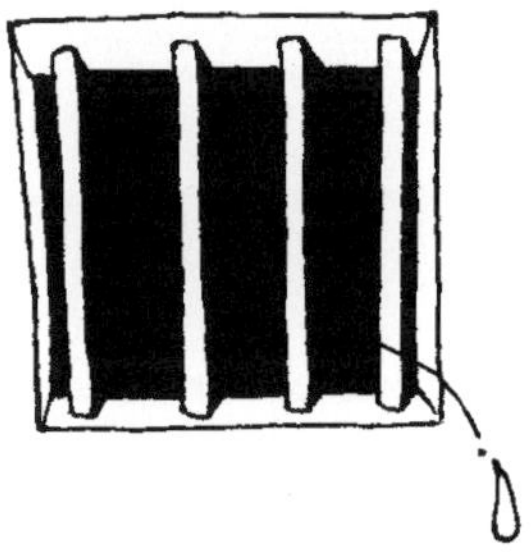

1. Beantworte jede Frage:
   a) Warum wurde ein Amerikaner in Oklahoma verurteilt?
   b) Welche Strafe verhängte die zuständige Richterin?
   c) Welche Begründung hatte sie dafür?
   d) Wegen welchen Deliktes wurde der Mann zuvor festgenommen?

2. Hier sind ein paar Synonyme zu Begriffen aus dem Bericht aufgelistet. Ordne jedem Synonym ein Wort aus dem Text zu.
   Arrest – Gesetzeshüter – bestraft – Einspruch – Speichel – Leiden – lebensgefährliche – Kerl

3. Ist diese Strafe gerechtfertigt?

4. Überlege dir, welche Strafe du für angemessen halten würdest, wenn du über diesen Fall als Richter/-in entscheiden müsstest. Begründe deine Entscheidung so ausführlich wie möglich.

Die Nachricht	50	Die Aufgaben

UNFÄLLE

Raserei auf Skipisten

MÜNCHEN ■ Durch Raserei auf den Skipisten nimmt die Zahl schwerer Sportverletzungen zu. Wie der Unfallarzt Peter Gutsfeld aus Garmisch-Patenkirchen berichtet, konstatieren die Mediziner immer mehr Wirbelbrüche, Kopfverletzungen, Schienbeinbrüche und Kreuzbandrisse. Dies geht auf das Konto der moderneren und sehr schnellen Carving-Ski. *dpa*

1. Beantworte jede Frage:
   a) Weshalb nehmen die Unfälle auf den Skipisten zu?
   b) Welche Verletzungen kommen dabei häufig vor?
   c) Was wird als Ursache für die Raserei angegeben?

2. Welche Behauptungen treffen zu?
   - ☐ Durch zu schnelles Fahren nehmen die Sportverletzungen zu.
   - ☐ Die Zahl der Unfälle auf den Skipisten ist rückläufig.
   - ☐ Es gibt immer mehr Knochenbrüche und Kreuzbandrisse.
   - ☐ Eine Ursache sind die sehr schnellen Carving-Ski.
   - ☐ Die schweren Sportverletzungen gehen auf das Konto rücksichtsloser Skifahrer.

3. Sollten Helme für Skiläufer Pflicht werden?

4. Welche Regeln für Skifahrer würdest du vorschlagen, damit es zu weniger Unfällen kommt?

Die Nachricht	51	Die Aufgaben

OHRFEIGE

Mutter erhält Verwarnung

BURGWEDEL ■ Eine Mutter aus Niedersachsen, die ihre zweijährige Tochter geohrfeigt hatte, ist gerichtlich verwarnt worden. Zudem verurteilte das Amtsgericht Burgwedel die Frau zu einer Geldstrafe von 100 Euro. Die 41-Jährige hatte das Kind bei einer Geburtstagsfeier geohrfeigt, nachdem das Mädchen Saft aus einer Flasche auf die Hose seiner Mutter verschüttet hatte. Mehrere Zeugen hatten den Vorfall beobachtet. Bei einer ersten Verhandlung hatte die Angeklagte eine Einstellung des Verfahrens gegen Zahlung von 300 Euro abgelehnt. *dpa*

1. Beantworte jede Frage:
   a) Weshalb wurde eine Mutter vor Gericht verwarnt?
   b) Welche Strafe „brummte" ihr das Gericht auf?
   c) Warum wurde ein zweites Mal in dieser Sache verhandelt?
   d) Weshalb ohrfeigte die Mutter ihr Kind?
2. Überlege dir, wer die Mutter vermutlich angezeigt haben könnte. Was hättest du getan, wenn du Zeuge dieses Vorfalls gewesen wärest?
3. Welche Begriffe werden hier umschrieben?
   a) Ein anderer Begriff für Maulschelle oder Backenstreich.
   b) Organ zur Aufrechterhaltung des Rechts.
   c) Eine Feier, die jedes Jahr am gleichen Tag stattfindet.
   d) Personen, die bei einem Vorfall Beobachter sind.
   e) Eine Person, die beschuldigt wird, etwas getan zu haben.
   f) Ein anderer Begriff für „jemanden tadeln".

Die Nachricht	52	Die Aufgaben

VERSPÄTUNGEN

Trödler verliert seinen Job

FRANKFURT ■ Wiederholte Unpünktlichkeit am Arbeitsplatz rechtfertigt auch ohne störende Auswirkungen auf den Betrieb eine Kündigung, sagt das Arbeitsgericht Frankfurt am Main. Es wies damit die Klage eines Buchhalters gegen einen Verlag zurück und bestätigte dessen ordentliche Kündigung (Az: 5 Ca 2231/02). Der Mann war wegen seiner morgendlichen Verspätungen negativ aufgefallen. Trotz zweier Abmahnungen kam er auch in der Folge mehrmals zwischen zwei Minuten und einer Stunde zu spät zur Arbeit. Der Verlag sprach schließlich die fristgerechte Kündigung aus. Laut Urteil ist die Kündigung in Anbetracht der „Aufrechterhaltung der Betriebsdisziplin" rechtlich zulässig. *dpa*

1. Beantworte jede Frage:
   a) Weshalb wurde der Buchhalter gekündigt?
   b) Warum war der Mann negativ aufgefallen?
   c) Was unternahm der Verlag zunächst?
   d) Warum sprach der Verlag später die Kündigung aus?
   e) Womit begründet das Gericht die rechtliche Zulässigkeit der Kündigung?
2. Was ist eine fristgerechte Kündigung, was eine fristlose? Was bedeuten Abmahnung und Betriebsdisziplin? Hole Informationen ein.
3. Was hältst du von diesem Urteil? Schreibe dazu eine kurze Stellungnahme: Hältst du dieses Urteil für richtig oder ist es ein Fehlurteil?
4. Zähle Beispiele aus der Arbeitswelt auf, bei der es auf Pünktlichkeit besonders ankommt.
5. Was bedeutet: Az: 5 Ca 2231/02?

Die Nachricht	53	Die Aufgaben

FORSCHUNG

Täglich 340 Nikotin-Tote

ERFURT ■ In Deutschland sterben nach Medizinerangaben täglich etwa 340 Raucher an den Folgen ihrer Nikotinsucht. Jährlich gebe es über 124.000 Nikotin-Tote, sagte der Vorsitzende der Deutschen Gesellschaft für Nikotinforschung im Vorfeld der 6. Nikotinkonferenz, die in Erfurt (Thüringen) tagt. Die Folgen des Rauchens würden nach wie vor unterschätzt. Insbesondere Frauen sollten auf den Griff zur Zigarette verzichten. Nikotin beeinflusse den Hormonhaushalt, verringere die Fruchtbarkeit und könne schwere Schäden bei ungeborenen Kindern hervorrufen. 2001 wurden 140 Milliarden Zigaretten in Deutschland verkauft. Immer mehr Frauen rauchen. „Die Zigarette ist Einstiegsdroge Nummer eins.“ *dpa*

1. Beantworte jede Frage:
   a) Wie viele Menschen sterben an den Folgen des Rauchens?
   b) Warum sollten vor allem Frauen auf das Rauchen verzichten?
   c) Was wird über die Zigaretten als Droge behauptet?
2. Finde zu zehn Verben und Adjektiven aus dem Text ein passendes Nomen.
3. Laut Bericht würden „die Folgen des Rauchens unterschätzt werden“. Überlege dir, warum das Rauchen im Gegensatz zu Alkohol oder illegalen Drogen von vielen als harmlos eingeschätzt wird.
4. Raucher oder Nichtraucher? Was bist du? Schreibe eine Stellungnahme dazu.
5. In manchen Ländern ist das Rauchen in der Öffentlichkeit inzwischen verboten. Was meinst du dazu?

Die Nachricht	54	Die Aufgaben

ALKOHOL

WHO klagt Industrie an

STOCKHOLM ■ Die Weltgesundheitsorganisation (WHO) hat den Alkoholproduzenten vorgeworfen, Jugendliche bewusst zu Trinkern zu machen. Durch das Hervorheben von Sex, Sport und Spaß in der Werbung versuchten die Unternehmen, das regelmäßige Trinken bereits bei Jugendlichen zu verankern. Auch mit dem Mischen von Fruchtsäften, Energiedrinks sowie vorgemixten Alkoholika trage die Industrie zu diesem Konsum bei. Eine Folge der zunehmenden Ausbreitung des Trinkens unter jungen Leuten ist laut WHO, dass jeder vierte Todesfall zwischen 15 und 29 Jahren mit Alkohol zu tun habe. Die Organisation klagt die Alkoholindustrie an, neue Medien wie das Internet oder Satelliten-Fernsehen zu nutzen, um so nationale Reklameverbote zu unterlaufen. *dpa*

1. Beantworte jede Frage:
   a) Warum klagt die WHO die Alkoholproduzenten an?
   b) Was wird laut WHO in der Werbung gemacht?
   c) Wie versucht die Industrie, das Trinken bei Jugendlichen zu verankern?
   d) Womit lockt die Alkoholindustrie?
   e) Worauf ist jeder vierte Todesfall bei jungen Menschen zurückzuführen?
2. Was bedeutet WHO? Welche Aufgaben verfolgt die WHO? Informiere dich und trage vor.
3. Vielleicht hast du schon einmal Alkohol getrunken. Bei welcher Gelegenheit war das und wie hast du dich dabei gefühlt? Berichte!
4. Erstellt gemeinsam eine Liste, welche alkoholischen Mixgetränke auf dem Markt angeboten werden. Von wem werden sie konsumiert (getrunken), wie viel kosten sie im Vergleich zu anderen Getränken?

Die Nachricht | 55 | Die Aufgaben

PEITSCHENHIEBE

Schwangere verurteilt

DUBAI ■ Ein islamisches Gericht in den Vereinigten Arabischen Emiraten (VAE) hat eine Hausangestellte zu 150 Peitschenhieben verurteilt, weil sie unverheiratet schwanger geworden ist. Sie weigerte sich, die Identität des Vaters preiszugeben. Ob sie erst nach der Geburt ausgepeitscht werden soll, ist nicht bekannt. Das Dienstmädchen soll zweimal je 75 Hiebe erhalten. *dpa*

1. Beantworte jede Frage.
   a) Aus welchem Land wird hier berichtet?
   b) Warum wurde die Hausangestellte verurteilt?
   c) Wer hat diese Strafe verhängt?
   d) Welche Strafe hat sie zu erwarten?

2. Ist das mit den Menschenrechten vereinbar? Informiere dich und berichte mündlich.

3. In einigen islamischen Ländern, wie zum Beispiel Saudi-Arabien, Iran, den Vereinigten Arabischen Emiraten, Nigeria und dem Sudan werden Urteile nach der „Sharia", dem islamischen Recht, gesprochen. Versuche, dich über die Sharia zu informieren. Welche Strafen gibt es bei dieser Rechtssprechung?

4. Formuliere ein Protestschreiben.

Die Nachricht | 56 | Die Aufgaben

SAUDI-ARABIEN

4750 Peitschenhiebe als Strafe

RIAD ■ Wegen Ehebruchs hat ein Richter in Saudi-Arabien einen Mann zu sechs Jahren Gefängnis und insgesamt 4750 Peitschenhieben verurteilt – eine Strafe, die ein Mensch wohl kaum überleben dürfte. Wie eine saudische Zeitung berichtete, legte der Richter aber fest, dass der Mann 50-mal jeweils 95 Hiebe erhalten soll. Die unverheiratete Schwester seiner Ehefrau, mit der er mehrfach sexuellen Kontakt gehabt haben soll, wurde zu sechs Monaten Haft und 65 Peitschenhieben verurteilt. Die junge Frau aus Mekka habe sich selbst bei der Polizei gemeldet und gesagt, ihr Schwager habe sie mit „Zauberkraft" zum Sex gezwungen. Der Richter glaubte ihr jedoch nicht. *dpa*

1. Beantworte jede Frage:
   a) Welche Strafe erhielt ein Mann in Saudi Arabien wegen Ehebruchs?
   b) Mit wem hatte er mehrfach sexuellen Kontakt?
   c) Wie soll die Strafe mit den Peitschenhieben ausgeführt werden?
   d) Was sagte die Frau bei der Polizei aus?

2. Vergleiche die beiden Meldungen. Werden Männer und Frauen gleich behandelt?

3. Warum wurde in diesem Fall die Frau so „milde" bestraft.

4. Schreibe einen Leserbrief.

Die Nachricht	57	Die Aufgaben

ARBEITSRECHT

Kündigung nach Klaps auf den Po

CHEMNITZ ■ Ein Klaps auf den Po einer Mitarbeiterin oder ein Kuss reichen aus für eine fristlose Kündigung wegen sexueller Belästigung am Arbeitsplatz. Laut einem Urteil des Landesarbeitsgerichts Chemnitz müssen für eine fristlose Kündigung nicht zwingend die Merkmale einer sexuellen Belästigung am Arbeitsplatz im Sinne des Beschäftigungsschutzgesetzes erfüllt sein. Es genüge bereits, wenn der Tatbestand den Merkmalen nahe komme oder einen entsprechenden Bezug habe, entschied das Landesarbeitsgericht. Das Urteil ist nicht anfechtbar (AZ.: 2 Sa 635/99). Ein Rettungsassistent des DRK in Bautzen war fristlos entlassen worden, nachdem sich zwei Praktikantinnen über ihn beschwert hatten. Er habe ihnen mehrfach an den Po gegriffen. Eine habe er sogar geküsst. *dpa*

1 Beantworte jede Frage:
a) Wem wurde fristlos gekündigt?
b) Was war der Grund für die Kündigung?
c) Welches Gericht bestätigte die fristlose Kündigung?
d) Was hat das Gericht ausgeschlossen?

2 Was ist eine sexuelle Belästigung? Sammelt hierzu einige Stichpunkte.

3 Übt in einem Rollenspiel, wie er/sie sich gegen sexuelle Belästigung wehren kann. Welche Möglichkeiten bieten sich an? Sprecht anschließend noch einmal darüber.

4 Wie findest du dieses Urteil. Begründe deine Ansicht.

Die Nachricht	58	Die Aufgaben

SEXUALVERBRECHER

Brutale Selbstjustiz

BODENWERDER ■ Wegen Selbstjustiz an einem Kinderschänder müssen demnächst zwei Frauen und zwei Männer aus Bodenwerder (Niedersachsen) vor Gericht. Ihnen wird unter anderem vorgehalten, dem 47-Jährigen ein Ohr fast vollständig abgeschnitten zu haben. Unter den Verdächtigen ist die Mutter des Buben, den der Mann missbraucht hatte. Das Amtsgericht in Holzminden hatte ihn wegen Kindesmissbrauchs zu zwei Jahren Haft auf Bewährung verurteilt. Der Mann hatte gestanden, im Mai und Juni 2004 den Zwölfjährigen dreimal missbraucht zu haben. Laut Polizei hatten die Mutter des Schülers, eine andere Frau und zwei Männer kurz nach der Tat nachts die Wohnungstür des Täters eingetreten. Sie hätten den Mann geschlagen und getreten sowie ihm ein Ohr zu drei Vierteln abgeschnitten. *dpa*

1 Beantworte jede Frage:
a) Weshalb müssen sich die vier Personen vor Gericht verantworten?
b) Was taten sie dem Opfer an?
c) Was hatte das Opfer selbst zuvor getan?
d) Zu welcher Strafe wurde das Opfer verurteilt?

2 Was meinst du zu dem Thema Selbstjustiz? Schreibe eine Stellungnahme.

3 Versuche, den Inhalt des Textes mit eigenen Worten nachzuerzählen.

4 Versucht, eine Gerichtsverhandlung nachzuspielen, in der über die vier Angeklagten verhandelt werden soll. Die Rollen: vier Anwälte, ein Staatsanwalt (Ankläger), die vier Beklagten und ein Richter. Bereitet euch gewissenhaft auf die Rollen vor.

Die Nachricht	59	Die Aufgaben

BABYKLAPPE

Mutter holt ihr Kind zurück

BERLIN ■ Ein Elternpaar aus Berlin hat sein wenige Tage zuvor an einer „Babyklappe" abgegebenes Kind wieder zu sich geholt. Wie ein Sprecher des Krankenhauses Waldfriede in Berlin-Zehlendorf sagte, hatten die jungen Eltern das Neugeborene anonym in Obhut gegeben, den Schritt aber wenige Tage später bereut. Die Krankenschwestern hatten dem kleinen Jungen den Namen Thomas gegeben. Drei Tage nach der Abgabe habe die Mutter im Krankenhaus angerufen und um eine Rückgabe ihres Babys gebeten. Sie habe das Kind aus finanzieller Not abgegeben. Nach Tagen der Verzweiflung habe sie sich jedoch entschieden, den Jungen wieder zu sich zu holen. Mütter können ihr Kind von der „Babyklappe" bis zu acht Wochen nach Abgabe zurückholen, ohne eine Strafe fürchten zu müssen. *dpa*

1. Formuliere selbst fünf Fragen zu diesem Bericht, die dann andere aus deiner Klasse beantworten sollen.
2. Wie findest du die Einrichtung einer „Babyklappe"? Welche Vorteile/Nachteile hat sie?
3. Welche Gründe fallen dir ein, warum (junge) Mütter ihr Kind zur Adoption freigeben?
4. Informiere dich über die sogenannte „Acht-Wochen-Frist". Auskunft können dir das Jugendamt, die Caritas, die Diakonie oder andere Einrichtungen geben, die mit der Adoptionsvermittlung von Kindern zu tun haben. Auch das Internet kann dir dabei helfen.

Die Nachricht	60	Die Aufgaben

LÜGENGESCHICHTE

Mutter wollte Baby loswerden

FORT LAUDERDALE ■ Eine ungewöhnliche Wendung hat die herzzerreißende Geschichte über ein angeblich weggeworfenes Baby im US-Staat Florida genommen. Über Stunden verfolgten die amerikanischen Fernsehzuschauer am Freitag die dramatischen Schilderungen über ein heftig streitendes Teenager-Paar, das sein Kind in einer Plastiktüte aus dem Fenster seines Autos geworfen haben soll. Dann stellte sich heraus, dass die angebliche Retterin, die das Neugeborene zur Polizei gebracht hatte, selbst die Mutter des Kindes ist. Die Frau habe das Baby loswerden wollen und deshalb die Geschichte erfunden, um den Säugling anonym abgeben zu können, sagte Sheriff Ken Jenne in Fort Lauderdale. Die Frau sei psychisch gestört. Der Junge bleibt nun erst einmal in der Obhut des Staates. dpa

1. Beantworte jede Frage:
   a) Was war angeblich mit dem Baby gemacht worden?
   b) Wer war die angebliche Retterin in Wirklichkeit?
   c) Warum tat die Mutter das?
   d) Wer kümmert sich nun um das Kind?
2. Finde zu den folgenden Synonymen den passenden Begriff aus dem Bericht:
   Fahrzeug – mitreißende – Polizeichef – Mama – geistig – Säugling – stark – vermeintliche – Beschreibungen
3. Leider werden auch in Deutschlang immer wieder Neugeborene ausgesetzt, von ihren Müttern getötet oder gar weggeworfen.
   a) Was denkst du, warum tut eine Mutter das?
   b) Welche Lösungsmöglichkeiten kennst du, damit Neugeborene eine Chance auf Leben erhalten?

Eigene Meldung entwerfen	61	Arbeitsaufgabe

Erstelle eine eigene „Meldung“ (Kurzbericht) für die Zeitung.
Suche dafür ein Thema, das auch andere interessieren könnte.
Achte dabei auf folgende Punkte:

1 Das Wichtigste wird zuerst beschrieben. Beachte dabei die Zeiten!

2 Beachte die sieben W's.

3 Dein kurzer Bericht sollte etwa aus 60 bis 80 Wörtern bestehen.

4 Suche ein „Schlagwort“, das zur Meldung passt.

5 Zum Schluss überlege dir eine kurze, „knackige“ Überschrift, die das Interesse des Lesers sofort wecken soll und das Wesentliche beschreibt.

Eigene Meldung entwerfen	61	W-Fragen

Deine Meldung muss Antwort auf diese W-Fragen geben:

➜ **Wer** hat **Was** getan? / **Wem** ist **Was** passiert?
Die Person genau beschreiben: Name, Titel, Funktion, Alter usw.

➜ **Wann?** Wann hat sich etwas ereignet?

➜ **Wo?** Wo hat es sich ereignet?

➜ **Wie?** Wie ist es passiert? – Ist manchmal nicht bekannt.

➜ **Warum?** Warum ist es passiert? – Kann manchmal nicht beantwortet werden.

➜ **Woher?** Woher hast du die Information?
Die Quelle nennen, wenn irgend möglich.

36. Jugendlicher: Zu Tode geschnüffelt

Nr. 3

Feuerzeugbenzin	Wiederbelebungsversuche
Feuerzeug / Benzin	Wiederbelebung / Versuche
Feuer / Zeug / Benzin	wieder / Belebung / Suche
euer / er	wie / der / er / such

37. Handwerk: Für Praktikum in den Schulen

Nr. 2

	verlangen	**werden**	**vorbereiten**	**sagen**	**müssen**
ich	verlange	werde	bereite vor	sage	muss
du	verlangst	wirst	bereitest vor	sagst	musst
er, sie, es	verlangt	wird	bereitet vor	sagt	muss
wir	verlangen	werden	bereiten vor	sagen	müssen
ihr	verlangt	werdet	bereitet vor	sagt	müsst
sie	verlangen	werden	bereiten vor	sagen	müssen

	aufnehmen	**sein**	**verlassen**	**rechnen**	**schreiben**
ich	nehme auf	bin	verlasse	rechne	schreibe
du	nimmst auf	bist	verlässt	rechnest	schreibst
er, sie, es	nimmt auf	ist	verlässt	rechnet	schreibt
wir	nehmen auf	sind	verlassen	rechnen	schreiben
ihr	nehmt auf neh-	seid	verlasst	rechnet	schreibt
sie	men auf	sind	verlassen	rechnen	schreiben

	können	**sollen**	**kennen**	**lernen**
ich	kann	soll	kenne	lerne
du	kannst	sollst	kennst	lernst
er, sie, es	kann	soll	kennt	lernt
wir	können	sollen	kennen	lernen
ihr	könnt	sollt	kennt	lernt
sie	können	sollen	kennen	lernen

39. Bankomat: Zu ungeduldig

Nr. 2

Hier eine Auswahl von Lösungswörtern:

Bank:	Bankgeheimnis, Bankschalter, Bankraum, Banktresor, Volksbank, Sandbank, Werkbank, Sitzbank ...
Kundin (Kunde):	Kundenberater, Kundendienst ...
Geld:	Geldtransport, Geldschein, Geldkassette, Falschgeld, Wechselgeld ...
Automat(en):	Getränkeautomat, Automatenhersteller, Automatenaufsteller ...
Schalter:	Stromschalter, Schaltknopf, Schalterhalle ...
Raum:	Raumpflegerin, Schutzraum, Wohnraum ...

42. Autounfall: SMS und Alkohol

Nr. 2

Handy	=	schnurloses Telefon, von dem aus man überall telefonieren kann
SMS	=	Kurznachricht, die über ein Handy verschickt wird
Steuer	=	ist ein Lenkrad (Steuerrad, Steuerung)
Blutalkoholwert	=	Anteil des Alkohols im Blut, der mit der Maßeinheit „Promille“ angegeben wird
Promille	=	eine Maßeinheit, in der der Anteil des Alkohols im Blut angegeben wird

50. Unfälle: Raserei auf Skipisten

Nr. 2

☑ Durch zu schnelles Fahren nehmen die Sportverletzungen zu.
☐ Die Zahl der Unfälle auf den Skipisten ist rückläufig.
☑ Es gibt immer mehr Knochenbrüche und Kreuzbandrisse.
☑ Eine Ursache sind die sehr schnellen Carving-Ski.
☐ Die schweren Sportverletzungen gehen auf das Konto rücksichtsloser Skifahrer.

51. Ohrfeige: Mutter erhält Verwarnung

Nr. 3

a) Ohrfeige	b) Gericht
c) Geburtstag	d) Zeugen
e) Angeklagte(r)	f) verwarnen

52. Verspätungen: Trödler verliert seinen Job

Nr. 2

Fristlose Kündigung	=	eine Kündigung, bei der keine Frist eingehalten werden muss und die deshalb sofort wirksam ist
Fristgerechte Kündigung	=	eine Regelung, bei der der/die Betroffene bis zu einem bestimmten Zeitpunkt kündigen darf oder gekündigt wird
Abmahnung	=	jemanden mündlich oder schriftlich daran erinnern, welchen groben Fehler (oder welches Vergehen) er begangen hat und welche Konsequenzen es haben wird, wenn nochmals so etwas vorkommt
Betriebsdisziplin	=	Die Regeln, die innerhalb eines Betriebes gelten. Ähnlich wie eine Hausordnung, an die sich jeder zu halten hat.

53. Forschung: Täglich 340 Nikotin-Tote

Nr. 2

sterben – das Sterben, das Sterbezimmer / täglich – der Tag / jährlich – das Jahr / geben – die Gabe / tagt – die Tagung / unterschätzt – die Schätzung / sollten – das Soll / verzichten – der Verzicht / beeinflusse – die Beeinflussung / verringere – die Verringerung / könne – das Können / hervorrufen – der Ruf / verkauft – der Verkauf / rauchen – der Rauch

60. Lügengeschichte: Mutter wollte Baby loswerden

Nr. 2

Fahrzeug – Auto / mitreißende – herzzerreißende / Polizeichef – Sheriff / Mama – Mutter / geistig – psychisch / Säugling – Baby / stark – heftig / vermeintliche – angebliche / Beschreibungen – Schilderungen

Jens Eggert: Kurze Zeitungsberichte lesen und verstehen	Quellennachweis

1	REISEBUS: Fast Motor verloren	SWP 14.08.2003
2	DIEBE: Swimmingpool weg	SWP 11.08.2003
3	NOTBREMSUNG: Kinder auf den Gleisen	SWP 13.08.2003
4	KARTOFFELN: Schnellste Schälerin	SWP 11.08.2003
5	KONTROLLE: Rekordraser erwischt	SWP 13.08.2003
6	TIERKLINIK: Schlauer Hund	SWP 09.08.2003
7	HÄFTLINGE: Filmreife Flucht	SWP 20.08.2003
8	OBDACHLOSER: Mit Autos geduscht	SWP 20.08.2003
9	NAGER: Maus stoppt Jet	SWP 12.06.2003
10	AUSREISSER: Spritztour im Reisebus	SWP 28.05.2003
11	VERKEHR: Elfjähriger am Steuer	SWP 05.05.2003
12	WILDSAU-ATTACKE: Kind hatte Schwein	SWP 27.09.2003
13	POLIZEI: Einsatz beim Zahnarzt	SWP 17.10.2003
14	ZÜCHTUNG: Lila Tomaten	SWP 02.01.2004
15	POLIZEI: Junge Bewerber	SWP 29.01.2004
16	KOPILOT: Dummer Scherz	SWP 11.08.2003
17	SCHÜLER: Papa sein ist „jättekul"	SWP 12.08.2003
18	STRAFTÄTER: Versehentlich gestellt	SWP 04.08.2003
19	DICKHÄUTER: Scheibe zertrümmert	SWP 31.07.2003
20	GELDAUTOMAT: Diebe hatten Pech	SWP 31.07.2003
21	URLAUBSHEKTIK: Kleinkind vergessen	SWP 15.08.2003
22	ITALIEN: Keine Tiere am Strand	SWP 30.07.2003
23	EINGEPARKT: Telefonzelle als Falle	SWP 05.07.2003
24	BOMBENDROHUNG: Kostspieliger Ulk per SMS	SWP 12.07.2003
25	FRÜCHTCHEN: 50 Straftaten mit 13	SWP 28.05.2003
26	PECH: Im Suff Auto versenkt	SWP 05.09.2003
27	WESPENNEST: Teures Ausräuchern	SWP 15.09.2003
28	AMERIKANER: Zukunft im Himmel	SWP 25.10.2003
29	FUSSBALL: Von Tor erschlagen	SWP 14.11.2003
30	WUNDERHEILER: Amulett gegen Kugel	SWP 19.12.2003
31	ARMUT: Acht Euro für ein Kind	SWP 17.09.2003
32	INDIEN: Kind für 18 Cent	SWP 20.12.2003
33	WAFFEN: Tödliches Versehen	SWP 17.08.2004
34	UMFRAGE: Anstand hoch im Kurs	SWP 18.02.2004
35	ORGANVERSAGEN: Tödliches Schnüffeln	SWP 19.08.2003
36	JUGENDLICHER: Zu Tode geschnüffelt	SWP 29.09.2003
37	HANDWERK: Für Praktikum in den Schulen	SWP 17.01.2005
38	67-JÄHRIGE: Älteste Mutter	SWP 17.01.2005
39	BANKOMAT: Zu ungeduldig	SWP 26.01.2005
40	ALPEN: Vier Lawinentote	SWP 26.01.2005
41	BRANDSTIFTUNG: Zwei Tote	SWP 29.01.2004
42	AUTOUNFALL: SMS und Alkohol	SWP 20.03.2004
43	STREIT: 17-Jähriger sticht zu	SWP 27.09.2004
44	JUGENDLICHER: Voll auf dem Radl	SWP 07.10.2004
45	BEHINDERTER: Unschuldig in der Todeszelle	SWP 15.02.2001
46	USA – Gentest bewies Unschuld eines angeblichen Mörders	SWP 02.05.2002
47	KINDER: Lachen als Therapie	SWP 18.02.2004
48	PIERCINGS: Gefahr im Schulsport	SWP 27.02.2004
49	GERICHT: Spucken mit Folgen	SWP 04.07.2003
50	UNFÄLLE: Raserei auf Skipisten	SWP 21.01.2004
51	OHRFEIGE: Mutter erhält Verwarnung	SWP 11.11.2004
52	VERSPÄTUNGEN: Trödler verliert seinen Job	SWP 31.12.2002
53	FORSCHUNG: Täglich 340 Nikotin-Tote	SWP 15.05.2003
54	ALKOHOL: WHO klagt Industrie an	SWP 20.02.2001
55	PEITSCHENHIEBE: Schwangere verurteilt	SWP 15.03.2005
56	SAUDI-ARABIEN: 4750 Peitschenhiebe als Strafe	SWP 18.02.2002
57	ARBEITSRECHT: Kündigung nach Klaps auf den Po	SchwaBo 17.06.2000
58	SEXUALVERBRECHER: Brutale Selbstjustiz	SWP 04.02.2005
59	BABYKLAPPE: Mutter holt ihr Baby zurück	SWP 27.12.2002
60	LÜGENGESCHICHTE: Mutter wollte Baby loswerden	SWP 14.02.2005

SWP = Südwest Presse / SchwaBO = Schwarzwälder Bote